L'ombre Du Grand Colbert: Le Louvre, & La Ville De Paris; Dialogue. Reflexions Sur Quelques Causes De L'état Présent De La Peinture En France

La Font De Saint-Yenne

299

Lafont de Saint-Yenne

7/12495

887

lic 22

(٣)

D.L.F. inven. Eisen ìdeam expres. Le Bas exc cœlav.

L'OMBRE DU GRAND COLBERT.

L'OMBRE

DU GRAND COLBERT,

Le Louvre, & la Ville de Paris,

DIALOGUE.

REFLEXIONS

Sur quelques causes de l'état présent de la Peinture en France.

AVEC

Quelques Lettres de l'Auteur à
ce sujet.

Nouvelle Edition corrigée & augmentée.

Vincit amor Patriæ, Veriquæ immensa cupido.
VIRG.

M. DCC. LII.

N
2030
· L18

EXPLICATION

De la Planche du Frontifpice.

L A Ville de Paris y eft dé-
fignée fous le fimbole
d'une femme couronnée de
tours, & par le cartouche de
fes armoiries que tient près d'elle un petit Génie. Elle eft dans
une attitude fuppliante aux
pieds du bufte de L O U I S XV.
à qui elle montre l'état déplorable du Louvre, & de fon
fuperbe Frontifpice deshonoré
par une multitude de Bâtimens
ignobles & indécens qui en

ôtent la vûe aux habitans, &
à toute la Nation. A ses pieds
est le Génie qui personifie le
Louvre couché sur la poussiere,
prêt à expirer de douleur, at-
terré & écrasé sous le poids de
l'insulte & de l'humiliation.
On le connoît à son plan que
l'on voit auprès de lui. Sur le
devant est l'Ombre de Colbert,
Ministre le plus zélé qu'ait eu
la France pour la gloire de sa
Patrie & de son Roi, & par les
soins duquel a été élevé cet incomparable monument. On a
mis sur sa tête la couronne Ci-
vique, & quel Romain l'a ja-

mais mieux méritée ! Son action est le moment où il se précipite au centre de la terre foudroyé par l'aspect de l'état présent du Louvre , & du mépris de la Nation pour le plus beau morceau d'Architecture que l'esprit humain ait encore imaginé. On a représenté dans le fond une partie de cette magnifique façade dessinée d'un bâtiment vis-à-vis , mais telle que les passans n'ont pas même la consolation de la voir.

On auroit pû donner dans une autre planche la vûe de l'intérieur du Louvre , & des

Bâtimens élevés depuis quelques années dans le milieu de la cour, qui semblent également insulter le Souverain, son Palais, & la Nation ; mais leur aspect n'auroit servi qu'à renouveller les cris de tous les Citoyens sur leur existence.

AVERTISSEMENT.

Voici une seconde édition de quelques écrits que le Public a reçu avec bonté & le Citoyen avec intérêt. Le même zèle pour la gloire de la Nation & le progrès des beaux Arts, qui avoit engagé l'Auteur à les publier, & le désir de satisfaire plusieurs personnes qui les ont demandés, leur fait revoir le jour. Ce n'est qu'à l'amour des François pour leur Patrie & pour tout ce qui

peut l'illuftrer, que l'Auteur
doit le fuccès de ces écrits,
& les applaudiffemens que
l'on a donné à fon courage
& à fa généreufe fincérité fur
des fujets qui intéreffent la
gloire & le bien public. Si
le titre refpectable de *vrai
Citoyen* n'eft dû qu'aux ames
libres, héroïques, élevées
au-deffus du vil intêret qui
rapporte tout à fon avantage perfonnel, & qui tient
aujourd'hui la plûpart des
efprits dans les fers, quelle fatisfaction pour l'auteur
d'avoir trouvé un auffi grand

nombre de Patriotes, ſi cher aux vrais François & indiſ- penſable à tous les hommes, puiſque tout homme eſt né pour être utile à ſa Patrie.

Ce ne fut pas ſans quel- que crainte que l'on publia ce Dialogue. L'aſpect de la vérité toute nue bleſſe la plûpart des hommes , lorſ- qu'elle gêne leurs paſſions en éclairant leurs devoirs. L'on voulut ménager leur reſſentiment , & leur pa- roître moins coupable en couvrant ſa lumiere offen- ſante du voile de la Fiction.

Trompé par cette rufe, on la voit malgré foi fous l'enveloppe agréable & féduifante de la nouveauté, qui l'égaye & la déguife fans l'affoiblir. Heureux menfonge ! favorable impofture qui mene à la vérité par la route du plaifir ! C'eft bien avec juftice que la Fiction a mérité les plus grands éloges de l'Antiquité fous le nom d'Apologue, puifqu'elle a formé des peuples entiers à la vertu par l'attrait de l'amufement.

C'étoit donc en reffufci-

tant un des plus grands Miniftres du fiècle paffé, & en
empruntant fon organe que
l'Auteur avoit efpéré de perfuader ceux qui font établis
pour veiller à l'entretien auffi bien qu'à la conftruction
des Maifons du Souverain &
de fes Palais, de les perfuader, dis-je, qu'il eft de leur
honneur & de leur devoir
d'arrêter la ruine des Edifices qui illuftrent le plus la
Nation, & de les tirer de l'i-
gnominie à laquelle ils font
abandonnés. Ils n'ignorent
pas qu'il y a plus de gloire à

conferver un feul Monu-
ment marqué au fceau du
génie fublime & de la perfection , qu'à en elever un
grand nombre d'irréguliers,
ou qui n'ont que des beautés
de mode & paffageres, dont
la chûte un jour nous fera
plus honorable que la durée.
On s'étoit flaté que la voix
de Colbert réveilleroit notre
léthargie fur l'amour de la
Patrie , & tout ce qui peut
en augmenter & en éterni-
fer la gloire; Vain efpoir !
notre Nation toute de feu
pour les nouveautés frivoles.

& follement bizarres , eſt de glace pour des chefs-d'œu-vres de génie & de perfec-tion qu'elle a ſous les yeux depuis long-tems , quelques dignes qu'ils ſoient de ſes at-tentions , & de porter à la poſtérité la grandeur de ſon goût & la hauteur de ſes pen-ſées.

Si pluſieurs de nos Provin-ces , entr'autres celles du Languedoc & de la Proven-ce , ont toujours eu ſoin de réparer avec de ttès-grands frais les ruines des monu-mens & des édifices élevés par les Romains ou de les prévenir, quoique leur confervation foit uniquement à la gloire d'un peuple étranger & qui n'exifte plus, qùels travaux ne devroit pas entreprendre la capitale de la France pour éternifer des ouvrages encore plus admirables, enfantés par la Nation , & qui feroient pour les fiècles à venir des témoins auffi fuperbes qu'inconteftables de la force & de la fupériorité de fon talent pour les beaux Arts fur tous les peuples de l'univers! Mais je le dis enco-

re , tel est le caractère presque général de ce François
si ingénieux & si inventeur;
le Beau ne l'affecte plus dès
qu'il est trop long-tems ex-
posé à ses regards : il ne lui
est pas seulement indiffé-
rent, il lui devient presque
méprisable. Nos plus excellens écrits supérieurs, ou tout
au moins égaux à ceux des
meilleurs siècles de l'antiquité en certains genres, (*)
ont bien de la peine à se sauver de cette injustice , &

_____

(*) Dans le Drammatique, le Lyrique, &c.

éprouvent fouvent nos dé-
goûts. Quel rempart, quelle
digue oppofer à ce torrent
prêt à tout inonder ? L'on
me dira qu'il faut céder au
tems dont la violence em-
porte tout, change, détruit
& renverfe fans diftinction
tout ce qui exifte ici-bas.
Que l'efprit comme la ma-
tiere eft foumis à fon empire,
& par conféquent les Ecrivains & les Artiftes. Combien de fois ils ont éprouvé
fa barbarie ! N'a-t-on pas vû
pendant plufieurs fiècles, la
profonde nuit de l'ignoran-

ce enfevelir tous les génies,
& fuccéder affez rapide-
ment aux jours les plus lumi-
neux & les plus fçavans par
un enchaînement de caufes
inconnues & d'effets inévitables ? Ouvrons les annales
du monde pour nous en convaincre ? Mais eft-il bien démontré que ces effets foient
inévitables & infaillibles ,
quand ils font prévenus par
des attentions actives & les
travaux affidus de la vigilance ? Lorfque Rome fçavante
fur le penchant de fa ruine ,
vit dans tous les lieux de fon

empire les Sciences & les
Arts prêts d'expirer, enten-
dit-elle autant de voix s'élever, autant de Citoyens pouſſer des cris ſur ſa grandeur
mourante, que Paris en fait
entendre aujourd'hui dans
ſon enceinte ? Vit-elle d'auſſi fortes plumes & en auſſi
grand nombre ſe joindre aux
cris publics , & former ce
concert douloureux de plaintes & d'allarmes ſur la ruine
du bon goût ? Oui, j'oſe l'a-
vancer , un ſeul homme revêtu d'autorité , avec une
ame & un cœur Citoyen, par

conséquent d'un génie élevé, actif, animé par les obstacles, fléau implacable de
ces lâches & coupables adulateurs, qui abâtardissent les
esprits, flétrissent l'ame des
Rois , & écartent d'auprès
d'eux la sincérité, l'esprit de
discernement , & les bons
conseils plus précieux que
leurs trésors , pour enchaî-
ner à leur trône le menson-
ge, l'inaction & la crédulité,
sources funestes de toutes les
injustices & des plus mauvais
choix. Un homme assez
grand pour s'estimer tel sans

une grande fortune, & en
même tems affez fier & affez droit pour abhorrer les
voies baffes ou fufpectes qui
y menent : Un homme fenfible aux biens & aux maux de
fa Patrie, au point de fe
croire élevé par fa gloire &
humilié par fon deshonneur:
paffionné pour les Sciences
& les Arts, & fortement perfuadé de la néceffité de leur
perfection pour l'éternelle
réputation de fa Nation, de
fon Roi, & de lui-même, ce
feul homme fuffiroit pour
renverfer dans peu d'années

ce goût faux & futile qui regne aujourd'hui fur tous les
efprits, & dont le Trône n'a
d'appui que l'indifférence
des fuperieurs, l'audace & la
licence des Ecrivains. Par lui
l'on verroit fûrement renaî-
tre dans nos ouvrages la décence avec l'utilité, la force
avec la fimplicité, & les
graces avec la nature.

Sans chercher chés les
étrangers des exemples pour
autorifer mon fentiment,
j'en pourrois citer plufieurs
parmi nous, je m'en tiens à
ces deux ci.

Le Maréchal de Turenne, après avoir profcrit les anciennes coutumes militaires, change le caractere national, donne aux troupes étrangeres une activité dont elles s'étoient crues jufqu'à lui incapables, ôte aux François leur légèreté & leur impatience naturelle, apprend aux foldats à fouffrir les fatigues fans murmurer, aux Courtifans à oublier la Cour, & à convertir leurs inclinations les plus cheres, en paffion pour la gloire du Roi, & celle de leur propre nom!

Le zéle infatigable de Colbert pour la plus grande illuſtration de ſa Patrie, fait faire à ſa Nation des prodiges auſſi étonnans dans le cours rapide de ſon Miniſtère que Turenne dans l'art de la guerre, & ce grand Miniſtre ne perdroit rien dans un paralelle exact vis-à-vis de ce Héros de valeur & d'humanité. Seroit-il donc impoſſible de trouver encore aujourd'hui parmi nous des hommes de cet ordre ſupérieur & avec les qualités que je demande pour le ré-

tabliffement du goût ? Non ,
on en verroit encore , s'ils
ofoient fe montrer un inftant , fans être auffi-tôt écrafés par le crédit des concurrens , & déchirés par l'envie ,
cette ennemie attentive &
cruelle de tout mérite qui
diftingue , & qui éleve un
homme au-deffus d'un autre
homme.

Je fçai que nos connoif-
fances fuperieures en nombre & étendue à celles des
anciens dans beaucoup de
genres , font pour le tems
préfent une barriere à l'ir-
ruption.

ruption soudaine de l'ignorance & de la barbarie. Mais
la hardieſſe de nos écrivains
d'aujourd'hui à violer toutes
les régles & les bienſéances;
nos eſprits occupés à dévorer & à admirer ſans ré-
flexions des ouvrages ingé-
nieuſement frivoles & licen-
tieux, tout nous conduit néceſſairement au décri & à la
ruine de ce qui eſt penſé fortement & utilement. Accou-
tûmés à voltiger autour de
la ſuperficie de chaque choſe,
nous ſommes devenus inca-
pables de rien approfondir,

c

& d'ouvrir le sein de la nature toujours avare & toujours
féconde , pour en tirer ces
beautés mâles & de tous les
tems, que les veilles & les
travaux seuls peuvent lui ravir. La plûpart de nos ouvrages sont sans idées , où
elles sont dérobées à nos
bons Modernes. Nous dé-
daignons celles des Anciens,
dont la majesté, la précision,
le grand sens , le sel exquis
ne sçauroient piquer un goût
qui n'a plus que des sensa-
tions dépravées. Pour dé-
guiser ces larcins faits aux

Auteurs originaux du siè-
cle dernier , nos stériles
petits auteurs retournent
leurs pensées , les pressent,
en expriment la substance
qu'ils dégradent , & qu'ils
exténuent par le clinquant
& l'oripeau dont ils les habil-
lent. Ils s'efforcent encore
pour les mieux travestir , de
les couvrir d'un nuage mis-
térieux & plein de finesse
pour nos beaux esprits , &
ceux qui les rassemblent ;
mais galimathias parfait &
persiflage odieux pour toutes
les têtes saines dont ils affli-

gent le bon goût, & irritent la raifon. Malheureufes productions ! où les mœurs, la Religion & nos devoirs font prefque toujours outragés, & tournés en dérifion ! où rien n'étant penfé de génie, tout languit fans nerfs, tout rampe fans élévation. Riches de phrafes & de mots, pauvres de fens & de chofes : abondantes en épithètes neuves & recherchées, mais impropres, forcées, le plus fouvent difcordantes avec le fujet. Productions ennemies de la clarté, de la fimplicité,

& du naturel : où l'on trouve
enfin souvent de l'esprit, mais
qui voulant briller sans cesse
& presque jamais à propos,
semble n'avoir pour but que
de revêtir tout ce qui est
pensé sensément & avec
quelque profondeur , de la
triste livrée de la pesanteur
& de l'ennui.

Où chercher les princi-
pes & les causes de cet égare-
ment général ? de ces flots d'é-
crits vains , audacieux, quelquefois même extravagans
qui débordent chés nous
de toute part, & nous feront

bien-tôt regarder comme le
fléau de l'efprit humain, cet
art admirable (*) que notre
induftrie fe félicitoit d'avoir
inventé pour l'enrichir & l'é-
tendre ? N'en doutons point,
c'eft dans le grand nombre
des adorateurs de tous ces
faux brillants, de ces faillies ingénieufes enfantées
par une imagination arden-
te & fertile, mais fans
jufteffe & fans frein, que
nous en trouverons la véritable fource. Il eft plus dangereux qu'on ne penfe de laif-

---

(*) L'Imprimerie.

fer trop souvent usurper à l'i-
magination les fonctions du
jugement. Cette enchante-
resse qui ne cherche qu'à
nous séduire, aura bien-tôt
la préférence sur tout ce qui
demande de la réflexion, &
nous dégoûtera des régles &
du raisonnement. Elle affoi-
blira insensiblemet tous les
esprits, & les rendra incapables d'éxaminer ce qui nous
éblouit, d'apprécier la justesse
des idées, de les comparer,
d'appercevoir les liaisons des
conséquences avec leurs
principes, & l'enchaînement

des parties avec le tout. Sans
principes, nous jugeons toujours par un fentiment con-
fus, & contens de certaines
impreffions générales , les
détails nous fatiguent &
nous rebutent:Ce n'eſt pourtant que par la connoiſſance de ces détails que l'on
parvient à voir clairement
les objets, à diftinguer l'or
du clinquant , & les fauſſes
beautés d'avec les véritables.

Rien n'autoriſe donc da-
vantage l'erreur des jugemens, & la dépravation du
goût de ce fiècle , que cette

foule de suffrages bruyants
& précipités, prononcés avec
toute l'étourderie & l'intré-
pidité de l'ignorance. Ils en-
traînent nécessairement la
multitude jusqu'à ce que le
tems & l'universalité de sentimens aient forcé l'orgueil
de ces apologistes d'ouvrir
les yeux à la Vérité, & de
jouir du spectacle ravissant
de sa beauté : spectacle qui
pénétre l'ame d'une satisfaction intime & d'un plaisir délicieux dont elle se félicite,
& auquel celui de l'illusion
passagere des plus agréables

menſonges ne ſçauroit ja-
mais atteindre.

Je crois avoir aſſez déſigné
ceux qui portent au bon
goût, & aux vraies beautés les
coups les plus dangereux,
& qui perdront dans peu celui de toute la Nation. Plus
le déſordre augmente & ſe
répand, plus le zéle doit
être ardent à le combattre,
plus grande doit être la liberté d'agir & de parler contre ceux qui l'entretiennent.
Ne nous laſſons donc point
de nous élever contre ces
plumes hardies & conta-

gieuſes. Redoublons nos efforts & nos cris, ne fut-ce
que pour rallentir la rapidité
de la contagion, & pour la
conſolation d'une petite,
mais précieuſe portion de
bons eſprits qui gémiſſent
en demeurant fermes dans
l'amour du vrai, & de
ce beau invariable, fondé
ſur la raiſon, indépendant
des révolutions du tems &
des folies de la mode.

Ce ſont là les motifs qui
doivent allumer notre zéle
& acérer nos traits contre ce
goût dépravé, ſi funeſte aux

Lettres & par conséquent aux
Arts, puisque les Ecrivains excellens & les habiles Artistes
ont toujours marché d'un
pas égal, & que la chûte des
uns entraine néceſſairement
celle des autres. La corruption de nos Ecrits étant même beaucoup plus grande
que celle des Arts, nous devons plus fortement nous
élever contre elle. Nous
ſommes ſur le point de perdre entierement le fruit de
toutes nos richeſſes littéraires
du ſiècle paſſé, richeſſes ſi
abondantes & ſi glorieuſes à

la France, qu'elles l'avoient
portée à un dégré de célébrité qui fut une éclipse presque générale pour toutes les
autres Nations.

Tout n'est point cepen-
dant désespéré. Le corps
François n'est pas entiérement cangréné, il lui reste
encore des membres sains &
vigoureux dans cette petite,
mais précieuse portion de
bons esprits dont je viens de
parler. Rarement à la vérité,
& très - rarement voyons-
nous sortir des mains de nos
Ecrivains & de nos Artistes

des ouvrages dignes de vivre chés la poſtérité, mais
enfin nous en voyons. Il ſe
trouve encore des hommes
parmi nous aſſez courageux
pour ne pas borner leurs
vûes aux limites étroites de
leur âge, & qui embraſſent
l'âge entier du genre hu-
main. Il eſt encore des génies aſſez hauts & aſſez
hardis pour préférer les
ſuffrages du petit nombre,
à l'encens perfide d'un trou-
peau d'aveugles, dont peut-
être un jour la raiſon murie
& éclairée par des réflexions

& des connoiſſances, rougira
des éloges proſtitués à des
ouvrages ſi dignes de mé-
pris, & dont ils feront auſſi
coupables que les Auteurs
par leurs applaudiſſemens,
& l'excès de leurs louanges.

L'on trouvera dans cette
nouvelle Edition beaucoup
de corrections, quelques
augmentations & des retran-
chemens néceſſaires. Tels
ſont ceux que l'on a fait dans
les *Réflexions ſur quelques*
cauſes de l'état préſent de la
Peinture en France, où l'on
a ſupprimé l'examen des ou-

vrages qui furent expofés
cette année au Louvre, il ne
convenoit plus de les rappeller. L'Auteur pourroit avoir
à fe reprocher d'avoir publié
le premier des réflexions fur
cette expofition, par le fiel
& la malignité de ceux qui
ont écrit les années fuivantes fur le même fujet, fi fon
examen n'eût été fait avec
tous les égards & les ménagemens de la critique la plus
méfurée & la plus fage. Eh
quelle loi doit être plus inviolable & plus facrée que celle
de ne jamais offenfer perfonne ;

fonne , fur - tout dans des
écrits pubics ? Il n'a point ré-
pondu à quelques cenfures
de fon Examen trop foibles
on trop groffierement malignes pour l'émouvoir , ou
mériter fon attention; mais
il s'eft déclaré redevable aux
Auteurs des cenfures raifon-
nables qui l'ont éclairé fur
des fautes qui lui font échap-
pées, & auxquels il a fait des
remercimens dans fes écrits
fans les connoître. Quand on
aime la vérité bien fincére-
ment , on l'embraffe de tout
fon cœur de quelque part

d

qu'elle vienne , & de la bouche même de ſes ennemis.
Eh quel aveu plus raiſonnable
peut faire la raiſon , que d'a-
vouer ſa propre foibleſſe &
l'obſcurité de ſes lumieres !

Les principales fautes de
l'Auteur ſont des reproches
au ſujet du Portail S. Gervais , à Mr. Turgot ce célébre Prévôt des Marchands ,
dont la mémoire vivra éternellement dans le cœur de
tous les habitans de la Ville de Paris , qui pleurent
encore ſa perte. Telle a
été encore la critique peu

fondée de quelques ouvrages d'Architecture des Srs. Servandoni & Doucin. Il doit à ce dernier des éloges à sa science pour tout ce qui regarde la distribution de l'intérieur d'un Bâtiment , science si utile & si négligée, souvent même entiérement ignorée des Architectes le plus en réputation. (*)

(*) Cette Science est si importante à tous ceux qui font bâtir, qu'elle leur procure un des plus sensibles agrémens de la vie , quand leurs appartemens se trouvent disposés selon leurs goûts & leurs besoins , & que l'Architecte a sçu deviner leurs intentions, corriger leur caprice , & fixer leurs incertitudes à leur avantage. Le plaisir qu'ils en retirent journellement, les paye avec usure des dépenses toujours considérables pour tout *Edificateur*.

L'on a redonné dans cet-
te Edition quelques Lettres
qui avoient dëja été impri-
mées , dont la plûpart font

Comme auffi la mauvaife diftribution de leur
habitation leur caufe des chagrins d'autant
plus vifs qu'ils éprouvent à chaque inftant des
incommodités qui leur ont coûté très-cher ,
& qui font irréparables. La Magnificence d'u-
ne décoration extérieure fi convenable & fi néceffaire aux Edifices publics & aux Grands ,
eft inutile & même déplacée chés des particuliers qui ne bâtiffent que pour la commodité ,
la néceffité , ou le revenu. A leur égard le
principal objet d'un Architecte fenfé & honnête homme , doit être de remplir leurs vûes ,
& d'égaler leur dépenfe à leur fortune. Sans
cette derniere attention , il fe rend coupable
de leur ruine infaillible ; nous n'en avons que
trop d'exemples. J'ajoûte encore à ces devoirs,
l'obligation indifpenfable de fupputer exactement ce qu'il en doit coûter à celui qui l'employe pour conduire fon ouvrage à fon entiére perfection , & de ne jamais abufer de la
paffion d'un particulier à bâtir, pour l'attirer
dans ce piége par la perfide afsûrance d'un
prix médiocre , & fort au-deffous du réel.
Combien à ce fujet les loix des Grecs & fur-
tout celle d'Ephèfe étoit fage , qui contrai-

relatives aux beaux Arts. La premiere intitulée , Lettre de l'Auteur des Réflexions sur la Peinture , &c. fut fai-

gnoit les Architectes à déclarer par un écrit le prix de la construction d'un Edifice , & leur faisoit engager tous leurs biens pour être garants du payement ! Si la dépense n'excédoit que le quart de la somme déclarée , le surplus éoit fourni par les deniers publics ; mais au-delà du quart, l'Architecte étoit obligé de payer la somme en entier , & de faire jouir le Proprietaire de son bâtiment.

Je sçai que cette Loi seroit difficile à mettre chés nous en pratique. Le François qui fait bâtir , est trop inconstant pour s'en tenir à un plan fixe pendant tout le tems qu'on met à l'éxécuter. Il y fera souvent des changemens qui renverseront toutes les mesures & les supputations de son Architecte.

Un particulier doit donc rechercher avec grand soin un Architecte qui ait la réputation de probité & d'habileté pour la distribution des dedans. Non-seulement il lui rendra sa maison délicieuse , s'il l'habite , par sa parfaite correspondance à ses usages & à ses intentions ; mais il y sçaura placer des agrémens & des commodités générales & convenables à toutes les personnes à peu près de son état qui

te pour le juſtifier envers
ceux qui ſe crurent offenſés
de ce que l'on avoit oſé examiner leurs ouvrages expoſés. Il y déclare la droiture
de ſes intentions, & répond
à quelques reproches qui lui
furent faits à ce ſujet, &
ſur-tout à un Paradoxe ſin-
gulier, avancé à ſon occaſion dans une aſſemblée publique & reſpectable. (*)

La ſeconde fut écrite aux
Auteurs du Mercure, pour
publier le déſaveu qu'y fait

---

s'empreſſeront d'y loger, ce qui en augmen-
tera conſiderablement le prix, & par conſéquent ſes revenus.
(*) L'Académie de Peinture.

l'Auteur des cenfures injuftes & fatiriques qui parurent les années fuivantes fur
les expofitions des Tableaux
au Louvre , & qui lui furent
attribuées par plufieurs Peintres fans fondement ni vrai-
femblance. Les bons juges
du ftile fentirent aifément la
différence du fien , d'avec
celui de ces rudes & mor-
dans Ecrivains ; & d'ailleurs
ceux qui connoiffoient fon
caractére , l'en ont pleine-
ment juftifié. C'eft à cette
derniere marque comme au
fceau d'un Auteur qu'il de-

vroit être jugé & reconnu avant de hazarder de malignes imputations. On peut déguiser son stile, quoique avec peine, mais on ne déguise jamais son caractére. Les Auteurs de ces coupables calomnies si nuisibles aux Artistes qu'elles attaquoient, crurent ne pouvoir mieux se masquer que sous son nom. Retranchés sous cet abri comme derriere un mur, ils ont lancé hardiment leurs traits contre tous les ouvrages de leurs confreres que des inimitiés personnelles,

fonnelles, ou des jaloufies
de profeſſion leur rendoient
odieux. Je dis leurs confreres, parce qu'on apperçut
bien-tôt que les mains d'où
ces coups partoient, quit-
toient tantôt le ciſeau & tantôt la palette pour les frapper. Si ceux, qui fur la foi
de leurs écrits ont crû l'Auteur du premier examen
coupable de ces libelles, les
avoient lûs avec plus d'attention, ils euſſent été bientôt
détrompés, puiſque ces Ecrivains ont été aſſez peu ſenſés
pour ne pas même épargner
e

dans leurs cenfures , celui dont ils ufurpoient le nom. Quelle apparence qu'un honnête homme qui met le prix de fa réputation bien au deffus de toutes les richeffes, voulut la déchirer de fes propres mains , & la facrifier à la déteftable fatisfaction de décrier des Artiftes eftimables par leur caractére & par leurs talens , & d'ailleurs d'un mérite fort au - deffus du commun !

Une généreufe Critique renfermée dans les bornes de la douceur & de la poli-

teſſe, étant la ſeule voie ouverte aux Auteurs & aux Artiſtes pour les mener à la perfection, ils devroient regarder leurs Cenſeurs comme
leurs ſeuls vrais amis, &
ceux qui les louent aveuglé-
ment, ou ſans reſtriction,
comme leurs ennemis les
plus dangereux, ſuivant cette maxime d'un des plus
grands Politiques de l'ancienne Rome, *Peſſimum ge-*
nus inimicorum Laudatores,
& traduite ainſi par un de
nos grands Poetes,

... Et de nos ennemis ſongeons que la louange
Eſt le plus dangereux.

L'on a placé enfuite le Re-
merciment des habitans de
la Ville de Paris à S. M. fur
l'achevement du Louvre.
Bien des perfonnes ignorent
que quelque tems après que
l'Ombre de Colbert eut paru, les plaintes du Louvre
fur fon entier abandon &
les menaces de fa ruine prochaine, allerent jufqu'aux
oreilles du Roi. S. M. parut
mécontente de qu'on ne lui
eut jamais parlé de l'état
de fon Palais, & Elle ajoûta
qu'elle auroit deftiné depuis long-tems une certai-

ne fomme par années pour
le faire achever. Le Roi donna enfuite des ordres pour
en faire lever le plan , & lui
tracer l'extérieur & l'intérieur de cet Édifice , avec
un état de la dépenfe néceffaire pour fon achevement
en commençant par le faire
couvrir. Mais il furvint alors
des empêchemens qui ont
arrêté l'exécution d'un projet fi défiré par toute la Nation , & fi important à fa
gloire.

Ce recueil eft terminé par
une Ode fur les progrès de la

Peinture fous le Regne de
Louis le Grand. L'Auteur la
compofa en 1725. pour le
prix de l'Académie. Ce fut
bien moins dans l'efpérance
de le remporter qu'il y tra-
vailla, que pour fatisfaire
fon goût pour ce bel Art
dès fa plus tendre jeuneffe,
& publier les connoiffances
qu'il en avoit. Il n'ignoroit
pas que quand même il eût
été fort verfé dans celui de
la Poëfie, l'Ode eft d'une
hauteur fi inacceffible par
l'enthoufiafme, la majefté
& le ftile fublime qu'elle exi-

ge , que parmi nos Poëtes
François dont le nombre eſt
immenſe , à peine en trouve-
t-on deux ou trois qui aient
pu y atteindre. Le célébre
Rouſſeau notre Horace François , & qui tiendra le même
rang chés les autres Nations
aux ſiécles à venir , qu'occupe aujourd'hui parmi nous
l'ami d'Auguſte , Rouſſeau
dit un jour à l'Auteur, Qu'il
ne ſuffiſoit pas pour exceller
dans ce genre d'ètre Poëte ,
qu'il falloit encore avoir reçu de la nature un génie
particulier pour le grand ſu-

blime qui feul caracterife
cette efpéce de Poëme. Ce
fut en l'entretenant à Bruxel-
les de fes Odes facrés qu'il
s'expliqua ainfi : Il avoua
qu'il n'en avoit jamais été
fatisfait, & qu'elles lui pa-
roiffoient rampantes & pro-
faïques, quand il les compa-
roit à l'élevation & à la force
de la Poëfie du texte Hé-
breu.

L'on a hazardé un change-
ment dans l'Ortographe du
mot *Deffein* qui a deux fignifications fort différentes. Il
eft employé pour exprimer

Projet, *Intention*, *Idée* d'une action que l'on se propose, mais plus vague & moins dé- terminée que *Résolution* : par exemple, *le Roi a eu deſſein de faire couvrir le Louvre*, on lui a laiſſé dans ce cas ſon ortographe ordinaire. Mais lorſqu'on s'en ſert pour dé- ſigner l'une des trois parties de la Peinture, & qu'il ſi- gnifie le contour & les pro- portions exactes ou vicieuſes de la figure humaine & de ſes parties, ou le canevas d'une penſée que le Peintre a jettée ſur le papier avec la plume, le craïon ou le pinceau, foit pour refter en cet état, foit pour être exécutée dans fes proportions, alors on a retranché le dernier *é*, pour éviter, aux Etrangers fur-tout, la confufion aux yeux des deux termes, ne pouvant fauver celle de l'oreille. Exemple, *l'Ecole Françoife a égalé toutes celles d'Italie au fiécle dernier dans la partie du Deffin & de la Compofition, mais elle leur a été inférieure dans celle du Coloris.* L'on s'eft cru d'autant plus autorifé à fupprimer cette

lettre dans ce fubftantif,
qu'elle n'a jamais été em-
ployée dans fon verbe *Def-*
finer. L'on écrivoit anciennement *Deffeing*, & l'on difoit
Deffigner, prononciation que
fa rudeffe a fait tomber. Il
n'en a pas été de même dans
le mot *Seing* pour fignature,
où l'on a laiffé le g, parce
qu'on l'a gardé dans le
verbe *Signer.* Ce qui diftingue *Seing*, fignature, de
Sein, *Sinus.* Cet inconvé-
nient fe trouve prefque dans
toutes les langues & fur-tout
dans la Latine. Le mot *Cepe*

a dans différens cas, quatre
différentes fignifications :
Oignon, Haïe, Souvent, &
Serpent ; mais ils ne font pas
écrits de la même façon. Il
en eft de même de *Os*, *Res*,
Gallus, *Occidere*, *Effe*, &
mille autres. On pourroit
diminuer leur nombre dans
la nôtre par des différences
dans l'ortographe qui les dif-
tingueroient aux yeux, en
attendant que l'oreille en
fente un jour la différence
par un nouveau terme.

L'on n'a point obfervé
l'ordre des tems dans les

Piéces de cette Edition. L'Ombre de Colbert a été mife la premiere, quoiqu'elle n'ait paru qu'après les Réflexions fur la Peinture, auffi bien que les Lettres qui font à la fuite. Mais ayant été choifie pour le fujet de la Planche du Frontifpice, on n'a pas crû devoir les féparer.

Beaucoup de Lecteurs ont trouvé quelque difficulté à chercher les Notes à la fin de l'ouvrage dans la premiere Edition, c'eft ce qui les a fait mettre en celle-ci au bas de chaque page.

Voilà tous les avis que l'on a estimés néceffaires à la tête de cette Édition. On n'a pas jugé à propos de répondre aux critiques du ftile, & de quelques défauts d'exactitude dans le Dialogue, on a eu l'attention de l'interrompre en quelques endroits qui avoient parus trop longs.

L'Auteur, qui auroit fouhaité de tout fon cœur n'être jamais connu, efpére que fon zèle pour la gloire de la Patrie, & pour le bien de fa

Nation , lui mériterónt de nouveau l'indulgence & l'approbation des cœurs vraiment citoyens , & c'eſt la ſeule à laquelle il ſoit ſenſible. Il fait ici l'aveu ſincére (& plût-à Dieu que l'honnête homme pût trouver aujoud'hui de la foi ſur ſa ſimple parole !) qu'il n'a jamais ambitionné de louange, ni eû d'autre objet en écrivant , que le plaiſir de voir ſes écrits ſuivis de quelques effets avantageux au Public , à l'Etat , & aux beaux Arts. Quel éloge ! quelle ſatisfaction que celle d'un tel succès ! Les Rois ont-ils des faveurs, ont-ils même des dons qui puiſſent compenſer un plaiſir ſi pur & ſi ſublime ?

Dic illis non quod volunt audire, ſed quod audiſſe ſemper volent.

Seneca de Beneficiis.

PIECES

PIECES

Contenues en ce Volume.

ADDITIONS.

ADDITION à la page 102. lig. 4. après ces mots .. *fuites néceffaires du Luxe*, ajoûtez en note ce qui fuit.

L'on ne fauroit paffer fous filence une nouvelle efpéce de luxe enfanté de nos jours par l'yvreffe de l'abondance , & qui offenfe les yeux de tout François fenfé d'une maniere criante. Une grande partie des Nobles modernes & des nouveaux Financiers , porte l'orgueil & l'infolence jufques à étaler leurs richeffes fur leurs gens de Livrée , & s'efforcent d'honorer & d'illuftrer cette efpece d'hommes dont la multitude exceffive & permife fait une playe à l'Etat très-réelle , & bientôt incurable , en enlevant à la campagne fes Cultivateurs , & en rempliffant les Villes , & fur-tout Paris, de Sujets qui ne payent eux-mêmes aucun impôt, & ne fervent à l'Etat ni par l'induftrie , ni par le travail ; hommes par conféquent beaucoup au-deffous du Portefaix & du Manœuvre. Nos nouveaux Créfus enflés d'orgueil , & aveuglés par la furabondance de leur fortune, couvrent aujourd'hui fans pudeur leurs laquais d'or & d'argent pour trainer après eux, publier & afficher dans les rues, les places , les promenades, l'excès & la fplendeur de leur fuperflu, & l'immenfité de leur opulence. Ils les vêtiffent de façon qu'ils font confondus avec tout honnête-homme , &

que le vrai Gentilhomme qui habite Paris, celui qui vient de Province, & tous ces braves Citoyens qui ont épuisé leur patrimoine, ufé leur vie au Service de leur Prince, & à la défenfe de la Patrie, font aujourd'hui forcés de rougir de leur ruine & de leur pauvreté qu'ils cachoient auparavant dans la foule, & qu'ils fupportoient fans deshonneur. Mais depuis que le fafte extravagant des enrichiffemens rapides a rendu honteufe & méprifable la fimplicité des habits par cette odieufe proftitution de magnificence; depuis que le nouveau noble & le millionaire ont profcrit les couleurs qui les confondoient avec l'ancienne Nobleffe fi fort au-deffous d'eux & fi méprifable à leurs yeux, l'honnête-homme modeftement vêtu n'ofe prefque plus fe montrer, ni fe préfenter dans ces maifons opulentes, & fur-tout à ces heures où l'on dévore fa fubftance, & où un extérieur uni & fans éclat lui affûreroit la raillerie infultante, & le mépris cent fois plus dur que l'extrême mifére, de la part de ces hommes de néant, qui ajoûtent à l'arrogance de leurs Maîtres, celle qu'autorifent ces brillantes enfeignes d'un fot enrichi dont ils font chargés. Un emploi des richeffes auffi ridicule qu'il eft déplacé, n'a-t-il pas droit de révolter la raifon & l'humanité ? Et fe multipliant tous les jours par la contagion de l'exemple, peut-il n'être pas bientôt funefte à l'Etat par la confufion qu'il met dans toutes les conditions ? Un fi hardi renverfement de tout ordre & de toute bienféance, toléré, doit nous faire trembler qu'il ne foit l'annonce & l'avant-coureur du renverfement total & prochain de ce Royaume.

ADDITION à la page 37 en note à la derniere ligne.

Qu'il foit encore permis de fe plaindre de la tolérance la plus incommode aux habitans de la Capitale, & dont on pourroit les délivrer au très-grand profit de l'Etat. C'eft le nombre & l'importunité des Mendians, fléau de tous ceux qui font à pied, & ignoré de ce grand nombre de perfonnes qui ne marchent, ne fortent, n'entrent chés elles & chés les autres, qu'en de riches ou commodes équipages. Combien de fervices rendroit à l'Etat cette armée de fainéans & de fujets oififs, l'étonnement de tous les Etrangers, chés qui l'on n'en voit aucun, parce qu'ils les employent à la culture des terres, à des corvées, aux Manufactures, ou à aider les Artifans dans leurs travaux, & dont la difette à Paris les fait furvendre leurs marchandifes. Tant de bras inutiles, & retranchés du corps de l'Etat, ferviroient à faciliter, & à étendre l'induftrie fi naturelle aux François, & fi ingénieufe. & à en quadrupler les revenus.

ERRATA
de l'Avertissement.

Page viij. *lig.* 7. la gloire , & le bien , *lisez* ,
la gloire de la Nation & le bien.

Pag. ix. *l.* 1. Patriotes si cher , *lisez* , Patriotes,
nom | si cher.

Pag. xvij. *l.* 9. convaincre ? *lisez* , convaincre.

Pag. xxiv. en nombre & étendue , *lisez* ,
en nombre & en étendue.

Pag. xxxiij. *l.* 7. universalité de sentimens ,
lisez , des

FAUTES
à corriger dans l'Ouvrage.

Page 96. *lig.* derniere, *lisez*, intempérie.

Ibid. *l. avant derniere de la Note*, *lisez* ; sans contredit.

Pag. 99. *l.* 13 *de la Note*, qui lui restoit, *lisez*, qui leur restoit.

Pag. 147. *l. avant derniere de la Note*, du siècle de Louis XIV. *ajoûtez*, Mr. de Fontenelle.

Pag. 161. *l.* 17. importune, *lisez*, importuner.

Pag. 168. *l.* 20. nos maux affreux, *lisez* ; plus affreux.

Pag. 219. *l.* 9. cette fourmilliere, *lisez*, cette foule.

Pag. 250. *l.* 8. que le Peintre, a choisi, *lisez*, que le Peintre a choisi.

Pag. 348. *Vers* 5. Assise, *lisez*, Placée.

Pag. 352. *l. derniere*, puissant attrait, *lisez* ; puissant attrait :

L'OMBRE

L'OMBRE

DU
GRAND COLBERT,
LE GÉNIE DU LOUVRE,
ET
LA VILLE DE PARIS.
DIALOGUE. (*)

LE LOUVRE.

J'ENTENDS de toute part des cris de joye. Tout Paris est livré à des transports de réjouissance de la publication de la Paix; & je suis

---

(*) Quelques personnes ont critiqué le défaut de vrai-semblance, & la hardiesse d'avoir
fait parler dans un dialogue une Ville & un

A

dans l'accablement & dans la douleur. Faut-il que cette nouvelle, qui va faire le bonheur de tous les François, soit pour moi seul un nouveau sujet de tristesse & de plaintes! O Paris! Ville ingrate! si sensible autrefois à mon élévation, peus-tu l'être aujourd'hui si peu à mes gémissemens & à ma douleur? Peus-tu voir mon déplorable état, & me laisser sans consolation & sans espérance? N'es-tu plus ma mere! & après tant de marques de joye à ma naissance, devois-je m'attendre à un abandon de ta part si entier & si méprisant?

LA VILLE.

Non, mon fils, je ne t'ai point entiérement oublié, puisque tu

---

Palais; mais l'Auteur n'a pas la gloire de l'avoir osé le premier. On trouve des Epigrammes de l'Anthologie, où les Grecs font raconter aux Villes & aux Temples leurs prospérités & leurs infortunes.

me vois accourir à tes cris pour en apprendre le sujet, & soulager ta peine, s'il m'est possible.

LE LOUVRE.

Le sujet ! eh, peus-tu l'igno rer Peus-tu voir mon état depuis tant d'années, sans souffrir d'un des honneur qui fait ta honte ! J'ai enduré patiemment mon ignominie dans des tems de minorité & de guerre ; mais j'espérois, après le long cours de celle-ci, que mon Roi vainqueur me feroit sortir de l'indigne tombeau où je suis enseveli. Je me flattois après un si long oubli d'être l'objet des premiers projets d'embellissement qu'on te destine pour immortaliser la mémoire d'une Paix si long-tems attendue, & des Victoires du Héros qui vient de la donner si généreusement à la France. J'espérois qu'après avoir triomphé de ses

A ij

ennemis au-dehors, & s'être élevé
un Thrône dans le cœur de ſes
Sujets, il voudroit encore en avoir
un dans celui de ſa Capitale. Je
me flattois enfin qu'il écouteroit
la voix plantive de tous tes habitans indignés de voir cet Edifice
conſacré au Maître qu'ils adorent,
non-ſeulement abandonné & devenu l'azile des hiboux, mais encore expoſé à une prochaine ruine
par cet abandon, & livré à l'excès
de l'indécence & du deshonneur
par tout ce qui l'environne. Eſpéce de barbarie dont on ne pourroit
trouver d'exemple dans aucun de
tes Hôtels, non pas même dans
ceux de tes plus médiocres Financiers !

LA VILLE.

Eh ! peus-tu croire que j'aye
fermé l'oreille juſqu'à préſent aux
ſoupirs de mes Citoyens ſur ton

avilissement ! Penses-tu que j'aye
oui sans douleur les discours
des Etrangers sur ton déplorable
état, & sur-tout des Anglois jaloux de nos belles productions ?
Voilà, disent-ils en voyant ce Palais, le portrait du caractere de
cette Nation. Si le hazard éleve
quelquefois son génie à de grandes
idées, elle est incapable par sa légereté de les porter à leur perfection. Avide des nouveautés
dans tous les genres, elle en préfére les défauts, & même les ex-
travagances à tout ce qu'elle a
produit de sage & de sensé, dont
elle semble aujourd'hui ignorer
le prix. Ennuyée de ses propres
Ouvrages auxquels un beau génie, & les plus excellentes proportions ont attiré des applau-
dissemens universels, elle s'en dérobe la vûe à elle-même, & leur
préfére la nouveauté la plus bizar-

re & la plus irréguliere , unique idole aujourd'hui des François , & à laquelle ils facrifient tout avec une fureur qui tient de la folie. Voilà les reproches humilians pour moi & pour la Nation , qui font tous les jours dans la bouche des Etrangers. Sois donc perfuadé que j'en fuis profondément touchée. Mais quel reméde ? que puis-je fans les ordres de mon Souverain ? & que peut-il fçavoir fans l'attention & le rapport de fes Miniftres ? c'eft à eux qu'eft confié le foin de mes embelliffemens , & celui de l'entretien des monumens qui devoient me rendre fupérieure à toutes les Villes de l'U-nivers. Ah ! fi les jours précieux du grand Colbert euffent été moins limités ! fi le fort ennemi de ma grandeur eût permis à ce zélé Citoyen de finir fes projets, à quel dégré de fplendeur ne m'auroit-il pas élevé !

LE LOUVRE.

O Colbert! ô Colbert! Miniſtre qui ne ſera jamais aſſez loué ni aſſez regretté! O mon pere! mon créateur! ma gloire! la gloire de la France! où êtes-vous? Que les Dieux ne vous permettent-ils de quitter un inſtant cet heureux ſéjour où habitent les Miniſtres qui ont été jaloux de l'honneur de leur Patrie & de la grandeur de leurs Rois, pour venir conſoler ma douleur, & partager les ſujets trop légitimes de mes pleurs & de mon déſeſpoir! Mais ... Dieux ...! que vois-je...? mes vœux ſeroient-ils exaucés ...! ſeroit-ce bien vous, ô mon pere!

L'OMBRE.

Oui, c'eſt moi, c'eſt ce Colbert que tu invoques; tu le vois paroître aujourd'hui après une ſi

longue abfence ; tu vois ce cœur
François , ce Citoyen brûlant encore du même zélé pour la gloire
de fa Nation & de fes Maîtres.
Les accens de ta douleur font def-
cendus jufqu'aux Champs de l'E-
lifée , où je jouis des honneurs divins accordés aux Miniftres équitables , laborieux , ennemis de la
molleffe & des voluptés , objets
des génies foibles & médiocres ,
de ces hommes incapables de vertu & d'amour pour leur Souverain. Ils ignorent leur véritable
gloire ; ils la mettent toute entiere
dans la fortune & dans les plaifirs
qu'ils cherchent , & qu'ils irritent
fans ceffe par de nouveaux affai-
fonnemens. Ah ! ces plaifirs peu-
vent-ils être comparés à ceux d'aimer fes devoirs , d'en remplir l'é-
tendue , d'en imaginer même au-
delà qui puiffent être utiles à la
Patrie ! Voilà la volupté des gran-

des ames qui feule éleve le courage , étend le génie , & dont la
douceur n'eſt jamais troublée par
l'amertume des reproches intérieurs , inévitables aux Miniſtres
inappliqués, eſclaves des plaiſirs
des ſens , de la faveur & de la
fortune.

LA VILLE.

Grand Colbert , qui êtes auſſi
mon pere , permettez-moi de ren-
-dre l'hommage le plus juſte & le
plus reconnoiſſant à celui à qui je
dois le plus.

L'OMBRE.

Eh ! qui êtes-vous ?

LA VILLE.

O queſtion humiliante ! quoi
vous méconnoiſſez cette Ville qui
vous eſt redevable de tout ce qui
lui reſte de luſtre & d'éclat ! ce

Paris que rien au monde n'eût
égalé, si une mort trop prompte
ne vous eût enlevé à mon amour
& à celui de tous les Citoyens!

L'OMBRE.

Eh! comment ne vous mécon-
noîtrois-je pas! irréguliere, difforme, couverte d'ornemens frivoles, de colifichets qui cachent ou
qui défigurent toutes vos beautés!
Où sont ces Edifices somptueux,
ces Palais, ces Monumens superbes que j'avois commencés, & qui
dévoient faire admirer le régne de
Louis XIV. aux tems & aux peuples les plus éloignés? Mes vûes,
mes soins, tout l'objet de mes veilles étoient de vous rendre la Capitale de l'Univers, & la rivale de
cette superbe Rome, lorsqu'elle en
étoit la maîtresse. Non content de
l'égaler, je voulois vous faire sur-
passer toutes les pompeuses des-

criptions que nous en a laiſſé l'Hiſ-
ſtoire : projet digne de la Capitale
du premier Royaume du monde.
Mon génie étoit ſans ceſſe aidé,
& étendu par la juſteſſe naturelle
& l'élevation du goût de ce Monarque toujours porté au grand,
& dont le caractere noble & généreux charmoit moins par ſes dons,
que par l'art qu'il avoit de donner.
Avec un ſi puiſſant ſecours, à quel
honneur & à quelle ſupériorité je
vous aurois élevée, ſi les deſtins
l'euſſent permis ! cependant depuis le long-tems qu'il m'ont ravi
à ce ſéjour, par quelle fatalité
vous retrouvai-je dans cet état ?

LA VILLE.

O grand Colbert ! quoique mon
extérieur me rende méconnoiſ-
ſable à vos yeux, ſouffrez que je
tombe à vos genoux, & que je les
embraſſe pour vous exprimer ma

joye de vous revoir : elle eſt ſi grande qu'elle m'étouffe la parole, & m'en ôte l'uſage. Heureuſe, ſi cet embraſſement pouvoit vous marquer ma reconnoiſſance de tous les travaux que vous avez entrepris en ma faveur !

L'OMBRE.

Levez-vous, ma chere Patrie; oui, je vous retrouve dans les ſentimens que vous avez de mes bienfaits. Peut-être vous en ignorez l'étendue. Je vais, pour reconnoître votre amour pour moi, & ſatisfaire celui que j'ai toujours eu pour vous, vous faire le récit, ſans aucune réſerve, de tout ce que mon zéle pour mon Roi, & le déſir que j'avois de vous rendre la premiere Ville de l'Univers, m'avoient fait entreprendre. Je vais vous en parler ſans aucun motif de vanité, & uniquement pour vous mettre en état de comparer depuis mon abfence, mes projets avec leur exécution. Peut-être que la connoiffance de mon zéle, & des motifs de mes entreprifes, vous engagera à folliciter votre Roi pour les examiner & les mettre en œuvre, fi elles ont été interrompues, ou fans effet.

Je m'étois en premier lieu appliqué à approfondir le génie & le caractere de ma nation, étude abfolument néceffaire à un Miniftre entierement dévoué à la gloire de l'Etat, & à réformer les abus inévitables dans le Gouvernement. Je fuis perfuadé que Louis XV. en fait fa principale occupation, puifque le bonheur de fes Sujets en dépend, & par conféquent le fien propre, en étant le véritable pere.

LA VILLE.

O bontés , qui vont me pénétrer de nouveaux fentimens de reconnoiffance ! mais quel lieu pren-
drons-nous pour cet important entretien ? cette Gallerie cy , (*) où
j'ai trouvé le Génie de çe Palais,
qui vous a coûté tant de travaux,
m'y paroît fort propre.

LE LOUVRE.

Hélas ! grand Miniftre, c'eft le
feul endroit du Louvre qu'il m'eft
encore permis d'habiter avec quelque dignité ; & où l'on voye quelques veftiges des chefs-d'œuvres
de votre tems en Peinture & en
Sculpture. L'état déplorable où
vous le trouvez , ne prouve que
trop l'abandon & le mépris au-

(*) La Gallerie d'Appollon qui regarde fur
la riviere.

quel je fuis livré, & qui m'arrache fans ceffe des foupirs. Mais
n'ayant point de lieu plus digne à
vous offrir, pour jouir du bonheur
de votre préfence, daignez, je
vous prie, l'agréer.

L'OMBRE.

J'y confens, quelque indignation que me caufe la vûe de cette
Gallerie toute dégradée, dont le
Brun, ce génie fi riche & fi fécond, avoit tracé l'Architecture &
tous les ornemens du Plat-fond
qu'il avoit enrichi lui-même de fes
chefs-d'œuvres en Peinture. En
quel état d'avilissement & de défordre fe préfentent à mes regards
ces célébres Batailles qui ont fait
l'admiration de l'Europe ! Combien de Souverains auroient été
glorieux de poff;éder ces tréfors, à
quelque prix qu'ils euffent pû les
avoir ! Quel magnifique logement

Ils leur auroient fait conftruire
pour attirer les yeux & la jaloufie
de leurs voifins ! Faut - il que ma
Nation foit devenue fi inconftante
dans fes goûts ! qu'elle fe laffe fi
promptement de ce qu'elle a de
plus beau & de plus précieux ! enfin qu'elle foule aux pieds, pour
ainfi dire, ce qu'elle a adoré ! j'ai
cependant de la peine à le croire.
J'ai eu des preuves fi fortes de fon
amour & de fon eftime pour les
beaux Arts, fentimens infépara-
bles de fes difpofitions à y exceller, que je ne la puis juger coupable de l'indigne état où je vois
ces chefs-d'œuvres.

LE LOUVRE.

Vous lui devez cette juftice, ô
mon Pere ! & ce foupçon lui feroit
trop injurieux, s'il s'étendoit fur la
Nation entiere. Depuis quelques
années cette Gallerie eft ouverte

au

au Public pendant 5 ou 6 femaines, & elle retentit encore des plaintes & des foupirs des bons citoyens fur fon déplorable état, & fur le défordre de tout ce qu'elle renferme. Non, ce n'eft point la Nation qu'il faut accufer d'une négligence qui m'eft fi honteufe. Je vais bien vous étonner davantage, ô grand Miniftre ! & vous percer le cœur d'une nouvelle playe. Vous vous fouvenez, fans doute, de l'immenfe & précieufe collection des Tableaux des plus grand maîtres, que vous engageâtes Louis XIV. de faire enlever à l'Italie & aux pays Etrangers (*) avec des frais confidérables, pour meubler dignement fes Palais. Vous penfez, (eh ! qui ne le penferoit comme vous !) que ces richeffes font expofées à l'admiration & à la joye des François de poffeder de fi ra-

_____

(*) Entr'autres par le fieur Jaback.

B

res tréfors , ou à la curiofité des
Etrangers , ou enfin à l'étude & à
l'émulation de notre Ecole? Sça-
chez, ô grand Colbert, que ces
beaux Ouvrages n'ont pas revû
la lumiere , & qu'ils ont paffé
des places honorables qu'il occupoient dans les Cabinets de leurs
poffeffeurs, à une obfcure prifon
dans Verfailles, où ils périffent
depuis plus de 50 années (*).

(*) Depuis la premiere Edition de cet ouvrage , M. de Tournehem, Directeur général
des Bâtimens de S.M. a fait tranfporter au Palais de Luxembourg une partie des Tableaux
du Cabinet du Roi à Verfailles, avec quelques
deffins précieux, & ils font expofés aux yeux
du Public deux jours de la femaine. Ç'a été un
grand dommage pour la Nation , de ce que
tant de tréfors ont été enfevelis fi long-tems.
Quel avantage pour nos jeunes Peintres d'examiner, & de pouvoir copier de fi excellens
modéles ! d'avoir fous les yeux les Chefs-
d'œuvres de toutes les écoles de l'Europe ! Les
Etrangers font furpris, & avec raifon de ne
voir dans le Palais des Tuileries , ni ameublemens, ni Tableaux. Un autre étonnement de

L'OMBRE.

Dieux, qu'entends-je ! quel deshonneur pour la Nation ! Quel fruit de mes travaux ! Ombre de Louis XIV. Puiſſes-tu ignorer l'indigne traitement de tant d'il-luſtres priſonniers !

LA VILLE.

N'attribuons point, grand Mi-niſtre, à l'inconſtance du François le dégoût, ni le mépris de ce qui à été l'objet de ſon admiration. Combien trouverois-je encore de Citoyens qui ſacrifieroient leur

---

leur part, c'eſt de trouver la premiere piéce de ce Palais occupée par des loges & un amphi-théâtre pour des Concerts publics, & au bas de l'eſcalier un bureau & des Commis qui re-çoivent de l'argent pour entrer dans la Maiſon du Roi , qu'il a long-temps habitée, & qu'il habite encore avec la Reine & la famille Royale dans les ſéjours qu'il fait à Paris. Ont-ils raiſon de ſe récrier contre une ſi extrême indécence ?

rems , leurs talens & leur bien
même à relever mon abaissement,
& me procurer des décorations
dignes de la premiere Ville du
Royaume. J'en ai plusieurs témoignages ; mais celui qui vous frap-
pera le plus , & qui étoit beaucoup supérieur aux autres , c'est
le projet d'un zélé partisan de ma
gloire , & de celle des grands
Poëtes de sa nation. Il avoit formé
le dessein de faire élever au milieu
d'une grande place un Mont-Par-
nasse,(*) sur lequel il auroit rassem-
blé les Statues de tous les grands
Poëtes François qui ont immorta-
lisé leur nom & leur Patrie par
leurs Ouvrages ; Corneille , Racine , Moliere, la Fontaine, Des-
préaux , Quinault , &c. Chaque
homme célébre auroit été accom-

(*) M. Titon du Tillet , qui en a fait faire
le modéle chez lui en Bronze.

pagné d'un Génie pour le défigner par quelque attribut. Les Portraits des Poëtes moins fameux, étoient placés dans des Médaillons portés par d'autres Génies. Louis XIV. fous la figure d'Apollon, eft au fommet du Parnaffe, & la Seine au-deffous de Pégafe, fait jaillir de fon urne l'Hippocrêne dont les eaux, après mille détours, fe précipitent dans un immenfe baffin. Toutes les figures qui euffent été coloffales, les arbres, la montagne & tout l'ouvrage étoit jetté en bronze. Ce généreux Citoyen s'engagea de faire parfaitement exécuter cet augufte monument, l'unique en ce genre dans toute l'Europe, fans qu'il en coûtat rien à l'Etat. Il demanda feulement une place de Fermier Général, dont il auroit facrifié tout le bénéfice à la conftruction de ce Mont-Parnaffe, elle lui fût refufée. Ah, grand Colbert ; avec quelle joye vous auriez favorifé un fi magnifique projet!

L'OMBRE.

Quoi ! il s'eft trouvé dans Paris un François affez Citoyen pour ne vouloir s'enrichir qu'afin de rendre à l'inftant toutes fes richeffes à fa Patrie par le plus honorable Trophée que l'on ait jamais élevé au mérite littéraire & aux grands génies, & on l'a rebuté ? Ah, que n'étois-je encore dans ma Patrie! non - feulement il auroit obtenu cette place de finance qu'il demandoit, place trop médiocre pour un tel Citoyen ; mais je l'aurois encore comblé de biens & d'honneurs, pour échauffer le génie de fes compatriotes, & l'exciter à enfanter de pareilles idées fi glorieufes & à l'inventeur & à la Nation. Ce que j'aurois ajoûté à

ce précieux monument , ç'eut été
fa Statue placée au bas de l'ouvrage , & dans le lieu le plus ap-
parent pour immortalifer la mémoire d'un Citoyen auffi généreux , & affez enflammé de l'a-
mour de fa Patrie , pour avoir
conçu un fi grand deffein en fon
honneur.

LE LOUVRE.

O mon pere ! fouffrez que je
vous inftruife à mon tour de tous
les projets qui ont été faits pour
ma perfection depuis votre abfence , & vous gémirez avec moi. ...

L'OMBRE.

Non. Laiffons pour un mo-
ment les fujets de vos douleurs.
Elles m'intéreffent trop pour n'y
pas donner mon attention , quand
j'aurai fatisfait les défirs qu'a ma
Patrie , d'entendre tout ce que j'a-

vois imaginé, & entrepris pour fa
gloire.

Je vais commencer par vos dehors. Je voulois qu'ils annonçaf-
fent aux Etrangers, plufieurs
lieues avant leur arrivée, la Capitale de la France, & c'étoit par
des avenues d'une grande largeur,
& d'une longueur immenfe formées par quatre rang d'arbres
plantés dans tous fes abords. Quelque occupé que je fuffe du deffein
d'élever les édifices publics, fi
importans à la dignité & aux embelliffemens d'une Ville bâtie
prefque au hazard depuis fa naiffance, je préferai alors les plan-
tations d'arbres pour fa décoration
aux Bâtimens, preffé par le grand
nombre d'années néceffaires à
leur accroiffement, & à la perfection de leurs formes. Le Terrein
de vos Ramparts abandonné &
impraticable, fe vit bien-tôt orné
de

de quatre rangs d'arbres pour former un Cours depuis la porte S. Honoré jufqu'à celle du Fauxbourg S. Antoine , & qui devoit faire l'enceinte de toute la Ville. Ses portes furent abbatues ; leur mauvais goût & l'ancienneté de leur conftruction, n'auroient pas prévenus les Etrangers en votre faveur , & euffent été peu propres à annoncer les beautés que je vous deftinois. A leur place s'éleverent des Arcs-de-Triomphe dans les plus belles proportions & la majeftueufe fimplicité des Anciens. Ils n'eurent d'ornemens que les actions héroïques de Louis XIV. & ils n'étoient pas fuffifans pour les contenir ; leur nombre augmentoit tous les jours , ils en feront d'éternels monumens. (*)

_____

(*) La porte de S. Denis bâtie en Arc-de-Triomphe eft un morceau d'Architecture des

C

LA VILLE.

Que les tems que vous me rap-
pellez, grand Miniſtre, m'étoient
glorieux ! alors les Edifices qui me

---

plus réguliers & des plus parfaits en ſon genre.
Tous les bons Architectes admirent ſes excellentes proportions. Sa compoſition eſt de François Blondel. Cette belle porte a trois ouvertu-
res, dont celle du milieu extrémement élevée,
ſert au paſſage des voitures, & les 2 laterales
à celui des gens de pied, & leur ſont très-né-
ceſſaires. Outre cette utilité particuliere, elles
ont encore été faites pour la ſimétrie, & pour
former un point de vûe agreable à la rue S.
Denis & à ſon fauxbourg. Depuis quelques années, on a ôté au Public le paſſage de ces
portes, & l'on n'a pas rougi de les louer pour
des boutiques, dont l'étalage extérieur & ignoble forme le ſpectacle le plus indécent. On eſt
perſuadé que les Magiſtrats prépoſés pour con-
ſerver tout ce qui ſert à la commodité publique, & s'oppoſer à ce qui peut dégrader la décoration de Paris, ignorent ces baſſes avarices
des Subalternes qui vendent de tels abus, & les
authoriſent, ce qui ne ſeroit pas ſouffert dans
des Villes de Province. Quelle licence d'oſer
dans Paris fermer des paſſages néceſſaires &
auſſi utiles à ſon embelliſſement !

Un motif auſſi déſintéreſſé & auſſi noble, a

deshonoroient, n'étoient abbatus que pour être magnifiquement remplacés. Depuis votre abfence, on a détruit les portes de la Conférence & du Fauxbourg S. Honoré, fans aucune raifon d'embelliffement. (*) L'emplacement de cette derniere eût été le lieu le plus

---

fait placer depuis un an des Boutiques dans le paffage du Louvre fous le beau Periftile à Colonnes d'ordre Ionique, cannelées & couplées, d'une belle exécution & d'une excellente proportion. Les Colonnes addoffées aux murs, font cachées de plus de moitié ; & on les a percées par-tout pour y fceller la menuiferie de ces boutiques indécentes. Le Public & tous les bons Citoyens ont gémi inutilement en voyant mafquer cette belle Architeture, dégrader ces Colonnes élégantes & d'une belle Sculpture par des vûes d'interêt auffi méprifables.

(*) Le Deffin de ces deux Portes étoit d'un affez mauvais goût & d'une forme groffiere. Comme il convient à une Ville de l'étendüe de celle de Paris, que l'on en puiffe fermé les entrées en certaines occafions importantes, il eft non-feulement de la décence, mais encore de fa fureté qu'elle ait des Portes. On avoit réfolu d'en bâtir une à la place de celle de la

convenable pour élever un Arc-
de-Triomphe à Louis XV. l'entrée de Paris par cette porte étant
une des plus avantageuses par la
beauté des maisons de la rue S.
Honoré en cette partie. Cet Edifice termineroit très-convenable-
ment un Fauxbourg enrichi
d'Hôtels superbes ; son aspect
frapperoit de loin les Etrangers ,
& tous ceux qui arrivent , & les
prépareroit à l'admiration de mes
beautés. Mais bien loin d'avoir

Conférence d'un beau modéle , & elle eût été
un grand ornement à la Ville du côté de la riviere , par l'avantage de sa situation. Mais le
Magistrat, qui a rendu un si grand service au
Public en faisant placer des Lanternes tout le
long du Cours , s'y opposa , parce que cette
Porte auroit dérobé à quelques endroits des
Quais & des Ponts de Paris, la vûe de deux
ou trois de ces Lanternes. Cette raison décida
pour la négative , & a privé la Ville d'un édifice aussi nécessaire , & dont l'heureux emplacement auroit fait un des plus grands ornemens
de Paris , étant vû de tous les côtés , & sur-
out en arrivant de Versailles.

rien élevé de fomptueux à la place
de cette porte, on y a bâti deux
maifons de particuliers, qui feroient à peine dignes d'orner l'entrée d'une petite Ville de Province.

L' O M B R E.

Que me ditez-vous? eft-il croya-
ble que l'on abandonne ainfi aux
particuliers la licence de fuivre
leurs caprices dans des lieux auffi
apparans, & dont les points de
vûe font de cette importance
pour la décence & l'embelliffement de la Capitale ? Eh ! comment ceux qui font chargés de fa
décoration, & qui préfident aux
édifices publics, foufrent-ils de
tels attentats aux droits & à l'honneur de leur place, & à votre
propre honneur.

LA VILLE.

Mon honneur ! hélas, grand Miniſtre, nul n'en eſt chargé. On vient d'élever tout nouvellement vis-à-vis le magnifique & reſpectable Palais des Tuileries, un bâtiment très-conſidérable en partie aux frais du Roi. Les Architectes ont eu la liberté de n'obſerver dans ſa façade ni régles, ni agrémens, ni égards pour en placer le portail vis-à-vis celui de l'entrée de ce Palais, dont il fait le ſeul point de vûe. N'eſt-ce pas une inſulte à la maiſon du Roi, que le mépris d'une ſimmétrie & d'une régularité qui n'auroit rien couté de plus, & qui auroit empêché les cris de tous les Citoyens contre des fautes auſſi groſſieres qu'irréparables. (*)

_____

(*) Il étoit de l'intérêt & du devoir de la Capitale d'employer ſes meilleurs Architectes, pour embellir la façade d'un édifice qui fait le

Ne foyez donc point furpris de me voir difforme & irréguliere. Non feulement on n'a point fait de plan général pour l'alignement de mes rues, & pour terminer décemment leurs afpects, mais on

---

principal afpect du côté de la cour d'un Palais auffi magnifique & auffi digne d'attention que celui des Tuilleries, & d'y faire placer le portail en fimmétrie & vis-à-vis du fien. Mais on n'a penfé ni à la régularité, ni aux embelliffemens. Tout y eft péfant, matériel, nulle forme agréable, des jours de foupiraux prefque élevés jufqu'au premier étage, des croifées affommées par des clefs énormes & de mauvais goût; un entablement d'un poids énorme qui écrafe tout l'édifice. Une porte maffive & dont les parties font défectueufes, quoiqu'elle foit copiée & compofée de deux Portes de cette Ville. Ces défauts font d'autant plus fenfibles au Public qu'ils font éternifés par l'excès de folidité dans fa conftruction. La Ville n'a pas été plus attentive à un Portail d'Eglife élevé depuis peu fur un des plus beaux Quais de Paris, & en face de la grande Gallerie du Louvre, emplacement le plus heureux & le plus remarquable, étant découvert de tous les côtés & expofé à la vûe de tous les Habitans. On a abandonné à des Moines rarement connoif-

C iv.

n'a même aucune attention à leur élargiſſement. Tous les propriétaires des maiſons à rebâtir, ont des moyens ſurs pour échapper aux Réglemens & aux Ordonnances à ce ſujet, ſoit par les

---

ſeurs, la liberté de décider du goût & de la forme de ce morceau d'Architecture. Il eût beaucoup ſervi à l'embelliſſement de la Ville & à la gloire de ſon Auteur, ſi ç'eût été l'ouvrage d'un homme de génie. Voilà donc des Edifices en pure perte pour Paris, leur défaut de beauté étant irréparable & leur dépenſe inutile. Depuis le tems que la barbarie a été bannie de France par l'étude & la connoiſſance des beaux Arts, & que nous poſſédons d'habiles Artiſtes, comment n'a-t-on pas encore ſenti l'importance de ne laiſſer ni à des Chapitres, ni à des Communautés, ni à des Moines la liberté de bâtir au gré de leur caprice leurs Edifices extérieurs, ni même à quelque particulier que ce ſoit, dès qu'ils ſont dans des lieux apparens, ou qu'ils terminent les aſpects des rues, & peuvent ſervir d'embelliſſement à la Ville ? Paris ne ſortira jamais de ſon irrégularité choquante & du goût ignoble qui y domine, ſi le Gouvernement n'a ſoin de commettre des perſonnes intelligentes qui ayent l'inſpection ſur les Edifices publics, & aſſez d'autorité pour n'en laiſſer élever aucun à

complaisances de ceux qui sont
préposés à leur exécution, soit par
des accommodemens secrets, soit
par la fraude de faire reprendre
par-dessous œuvre les murs de fa- -

---

la faveur, ni au crédit ; mais seulement sur des
Desseins approuvés par l'Académie, & précédés
d'un concours comme dans plusieurs Villes de
l'Italie & de l'Europe, nullement comparables
à Paris. On va sentir l'importance de ce réglement à l'égard de l'Hôpital des Quinze-vingts
que l'on rebâtit actuellement. On avoit proposé
un concours à ce sujet qui n'a point eu lieu.
En conséquence le Sieur Destouches, Architecte très-entendu dans l'art essentiel & difficile des distributions, avoit fait un plan pour
le bâtiment de cet Hôpital & de l'Eglise qui
a reçu de tout Paris les plus grands applaudis-
semens. Tous les inconvéniens s'y trouvent
prévûs & tous les avantages imaginables em-
ployés, dont voici les principaux.

Cet Hôpital étant un Edifice public & un
monument respectable de la libéralité d'un de
nos plus grands Rois, doit être non seulement
beaucoup en évidence, mais servir encore
d'ornement & de décoration à la Ville dans
un quartier le plus passant de Paris. Il doit encore être isolé, s'il se peut, pour l'environner
d'un plus grand volume d'air nécessaire à la
santé de ceux qui l'habitent, L'Eglise ne doit

ce. Les malheurs qui arrivent tous
les jours par le nombre de voitures qui ne peuvent circuler dans
mes rues étroites, qu'aux dépens
de la vie des gens de pied si sou-

────────────────────────

point être séparée du logement des Hospita-
liers, étant faite principalement pour eux &
pour leur assistance à l'Office Divin. Pour cet
effet le sieur Destouches l'a placée dans le
fond d'une grande cour entourée de portiques,
afin qu'ils puissent s'y rendre de leurs logemens
bâtis sous ces portiques, le grand jour leur
étant inutile, & ces portiques étant avantageux au Public pour arriver à l'abri dans l'E-
glise. Une autre raison aussi essentielle de ne
pas placer l'Eglise sur la rue S. Honoré, c'est
celle de l'embarras inévitable des carrosses
dans le lieu de Paris le plus étroit & le plus
fréquenté, & qui sont en très grand nombre
pendant les Sermons & les Offices. Enfin la
derniere raison qui ne mérite pas une moindre
considération, c'est qu'en élevant le Portail de
l'Eglise sur la rue, il n'auroit pû être vû d'une
distance convenable par les passans dans la rue
S. Honoré, sans être obligé de se reculer
beaucoup dans la rue Richelieu.

Une autre attention de cet Architecte bien
importante à l'utilité & au revenu de cet Hôpital, c'est d'avoir ôté aux Privilégiés le voisi-
nage bruyant & insupportable de ces Man-

vent écrafés , ne réveillent ni les
foins , ni l'humanité de ceux à
qui Louis X V. confie la fureté
de mes Habitans. Quel malheur
pour une Capitale que l'abfence

---

dians. Pour cet effet il a difpofé leurs logemens dans le grand efpace qui refte derriere
l'Eglife , & qui n'a aucune communication
avec eux. Les logemens dés Privilégiés font
compofés de plufieurs bâtimens peu exhauffés
pour jouir d'une plus grande abondance d'air ,
& coupés par de petites rues alignées. Une
grandé rue qu'il ouvroit à l'extrémité de cet
emplacement , & attenant l'Hôtel de Longue-
ville , eût percé d'un côté dans la rue S. Thomas du Louvre & de l'autre dans la rue S. Nicaife , & eût fervi d'entrée aux Privilégiés ,
fans être obligés de paffer par la grande cour
ouverte fur la rue S. Hônoré par une large
grille. Quel avantage pour Paris qu'un débou-
ché dans la rue la plus paffante & la plus incommode de toute la Ville , telle que celle de
S. Thomas du Louvre ! & en même tems quelle
commodité pour les habitations de ces Privi-
légies ; & combien elle en feroit hauffer
les loyers au profit de cet Hôpital ? Voilà l'habile Architecte , dont le génie eft affez étendu
pour penfer à tout , & pour tout prévoir dans
un plan de cette importance , où les fautes
font irréparables. Qui en fatisfaifant aux be-

de son Roi ! Hélas, il ignore combien l'inéxécution de ses ordres est funeste à son peuple ! Avec quelle promptitude sa justice séviroit contre ceux qui sont chargés de leur salut ! Un seul de ses Sujets qu'on fait périr ainsi injustement & inutilement, (*), lui

___

soins, à la santé, aux commodités & aux intérêts de ceux pour qui il travaille, fait jouir en même tems le Public du secours d'une Eglise si nécessaire en ce quartier sans intercepter la circulation, & procurer à la Ville un beau point de vûe & une nouvelle décoration. Ce plan, après avoir obtenu tout d'une voix les suffrages des premiers Magistrats, des bons Citoyens & des plus habiles Connoisseurs, de la personne respectable qui tient de S. M. l'autorité d'en décider, & qui avoit été elle-même enchantée du projet du Sieur Destouches ; ce plan, dis-je, a été laissé, pour lui préférer celui que l'on exécute présentement, & qui n'a nulle beauté, ni aucun des avantages que l'on vient d'exposer. Pourroit-on croire une pareille conduite dans ceux qui décident des Bâtimens publics & de cette importance, si la vérité n'en étoit sous nos yeux ?

(*) L'Empereur Antonin le Pieux qui succéda à Adrien, avoit pour ses Sujets la ten-

arracheroit des plaintes , & allu-
meroit fa colere ; tandis qu'une
multitude de ces malheureufes
victimes de la négligence des pré-
pofés , ne fçauroit les émouvoir.
Que cependant ceux dont le devoir eft de veiller à l'élargiffement
de mes rues , & des lieux où fe
forment tous les jours les mêmes
embarras , fçachent qu'ils font
comptables à l'Etat de tous ceux
qui y périffent , autant que les
perfonnes chargées d'établir une
garde fure pendant la nuit , le
font de tous les paffans qui font
affaffinés faute de ce fecours. (*)

Les ridicules emplacemens des

_____

dreffe d'un Pere. Il répétoit fouvent ces belles
paroles de Scipion l'Africain. *Qu'il valoit
mieux conferver un Citoyen , que de tuer
mille ennemis.*

(*) Ceux que le Roi commet dans ces places , doivent avoir une vigilance continuelle
& une activité infatigable. C'eft aux particuliers , fans autorité , à gémir fur les déplora-

Salles de Spectacles, (*) & le défaut de débouchés pour les abords
& la retraite des Equipages, causent encore tous les jours des accidens funestes , par l'intercep-
tion pendant plusieurs heures de

---

bles victimes de ce défaut d'ordre. Ces sentimens oisifs conviennent à leur impuissance.
Mais ceux qui sont chargés d'y veiller, doivent
travailler nuit & jour à établir l'ordre le plus
exact, à vaincre par leur fermeté inébranlable
l'intérêt & le crédit des Grands qui pourroient
y faire obstacle , à braver leurs ménaces, &
s'exposer courageusement à la disgrace, plutôt que de différer un jour d'y apporter les
remédes les plus prompts & les plus surs.

(*) Il n'est pas aisé de concevoir que la Capitale du Royaume, n'ait aucune Salle de
Spectacles digne d'elle. Toutes les siennes jusqu'à présent ont été construites sur le modéle
ignoble des premieres, qui étoient des Jeux de
Paulme. Un des plus grands Architectes de la
France , & qui joint à la perfection de cette
science , une grande connoissance des Belles-
Lettres & l'agrément dans la société d'une érudition ingénieuse & polie, M. de Bostrand a
souvent gémi de l'indolence de la Nation à cet
égard. Il a composé depuis quelques années
une Salle d'Opéra convenable à une Ville de

la marche de toutes les voitures chargées de denrées, & de marchandises néceffaires aux habitans. Cependant des inconvéniens de cette importance, fi contraires au bon ordre & au bien des fujets, n'ont pas encore fait ouvrir une feule rue pour y remédier depuis que ces Salles fubfiftent.

Paris par la magnificence de la décoration extérieure & intérieure. Tout y eft grand fans une dépenfe exceffive. Un veftibule fpacieux & magnifiquement décoré conduit à deux efcaliers oppofés & très-larges pour arriver à l'Amphithéâtre & aux galleries des loges voûtées dans tous les étages pour parer les accidens du feu. L'art de la conftruction du Théâtre & de fes murs porteroit la voix aux lieux les plus éloignés comme aux plus proches. Enfin c'eft un plan de Salle où les avantages les plus commodes & les plus recherchés pour les Spectateurs fe trouvent unis à la magnificence, & où les inconvéniens importans & ceux de la plus petite conféquence font tous prévûs. Cette Salle feroit placée dans la rue S. Nicaife depuis le magafin de l'Opéra jufqu'à l'extrémité de cette rue, & dans celle de l'Echelle. Sa principale entrée feroit fur la place du Carroufel.

L'OMBRE.

C'eft bien avec quelque forte de juftice que les autres nations accufent le François de légereté, de diftraction fur fes intérêts les plus importans ; & fur-tout d'une finguliere inconféquence. Quel paralelle plus bizarre que celui de la fageffe de fes Réglemens, & de la folie de leur mépris !

Avant de quitter les embelliffemens de vos déhors, par où j'ai commencé mon récit, je vais

---

Elle en auroit encore quatre autres, & autant de forties pour remédier aux embarras des équipages par des débouchés de tous les côtés. Le Roi pourroit venir de fon Palais des Tuileries de plein pied dans cette Salle par une gallerie jettée fur trois arcades. La même Salle ferviroit encore à une falle publique de Bal, mais bien différente de celle d'aujourd'hui, dont la moitié eft d'une décoration qui n'a aucun rapport à l'autre. Celle-ci feroit uniforme par des loges mobiles dans la partie du Théâtre.

L'OMBRE.

vous parler de l'Arc-de-Triomphe
élevé au-delà du fauxbourg S. Antoine, quoique l'on n'ait travaillé à ce superbe Monument qu'a-
près celui du Louvre. Son modéle
fût bâti de la même grandeur &
dans le même lieu où doit être cet
Edifice, au-delà de la grande rue
du Fauxbourg, en un endroit appellé le Trône. Sa hauteur est de
120 pieds sur environ 160 de
largeur; & je l'ai laissé hors de terre
élevé de 8 à 9 pieds jusqu'aux cor-
niches de piedestaux (*). La cons-

(*) Il faut voir dans la traduction de Vitruve une machine que Perrault inventa pour
éternifer la construction de cet Edifice, en
faifant frotter & ufer les pierres l'une fur l'autre
fans aucune peine, quoiqu'elles euffent 12
pieds de longueur. Leurs frottemens arrofés
d'un peu d'eau avant d'être placées à demeure,
leur tenoient lieu de mortier fans en avoir les
inconvéniens, & rendoient ces affifes infépa-
rables. On n'a jamais pû pénétrer le motif de
M. le D. qui fit démolir en 1716; non-feulement ce qui étoit hors de terre de ce beau mo-

D

truction de ſes fondemens eſt faite
avec un art admirable , & peut le
diſputer pour la ſolidité & l'éternelle durée , à tous ces reſtes iné-
branlables des Edifices Romains
qui bravent encore la faux du
Tems , depuis près de vingt ſiécles. En érigeant ce ſuperbe Monument à Louis XIV., j'avois
voulu conſacrer à l'immortalité
votre reconnoiſſance , & celle de
vos Habitans envers le Roi pour
le bon ordre , la propreté , & la
ſureté dont il les faiſoit jouir, &
pour les embelliſſemens dont il
vous enrichiſſoit tous les jours.
C'etoit auſſi pour laiſſer à la poſté-

nument de la hauteur de 8 à 9 pieds , mais qui
fit briſer , & arracher juſqu'à la derniere aſſiſe
de ſes fondemens admirables , qu'il fallut mettre en piéces , ne pouvant les ſéparer. Faut il
que des ouvrages qui ont coûté tant de travaux
& d'efforts de génie à imaginer aux plus ſçavans hommes , périſſent ainſi miſérablement
par le caprice d'une autorité aveugle ?

rité les tableaux de ſes conquêtes gravées ſur le marbre dans pluſieurs grands Médaillons & Bas-reliefs. Claude Perrault par la magnifique compoſition & la beauté étonnante de cet Arc-de-Triomphe, a fait diſparoître ceux des Empereurs Conſtantin, Tite, Severe, Veſpaſien, qui ſubſiſtent encore aujourd'hui, & qui annoncent aux voyageurs, malgré tous leurs défauts, la ſplendeur de l'ancienne Rome. Un Roi tel que Louis XIV. ſi ſupérieur à ces Empereurs, méritoit un témoignage de la fidélité de ſes Sujets, qui l'emportât infiniment ſur tous ceux des Romains envers leurs Maîtres, par la magnificence du Monument, & par la ſupériorité de ſon goût.

LA VILLE.

La magnificence des Edifices

publics & des Monumens , eft le
fçeau ineffacable de la grandeur
des Rois après leur regne. Mais il
y a une preuve de la grandeur de
leur génie & de la bonté de leur
cœur bien plus flatteufe pour eux,
parce qu'elle affure leur bonheur
& celui de leurs Sujets. C'eft leur
jufte difcernement & leur extrême
attention dans le choix de leurs
Miniftres. De quelle félicité n'au-
riez-vous pas comblé Louis XIV.
& tous les François, fi vos jours
euffent égalé ceux de ce Grand
Monarque ?

L'O M B R E.

Ce n'eft point par des louanges
que je veux être interrompu dans
le détail que je vous fais de mes
travaux pour la gloire d'un Prince,
dont la grandeur des idées ne
laiffoit de mérite à fes Miniftres,
que celui de l'ardeur & de là

promptitude de l'exécution. Laiſ-
ſez m'en donc achever tranquillement le récit.

Mes projets n'étoient point limités aux Edifices que je faiſois
élever pour éterniſer la mémoire
de mon Roi , quoiqu'ils ſoient
les preuves les plus certaines &
les plus durables de la grandeur
des Souverains. Je me devois
également aux plaiſirs de ſes Sujets , en travaillant à leur procurer des agrémens dans le ſéjour
de la Capitale. Il falloit pour cet
effet un Jardin public qui répon-
dît par ſa beauté à la vôtre ; &
qui , ſans le ſecoursdes bronzes ,
des dorures , des caſcades que
j'avois réſervés pour les Jardins
de la demeure de monRoi, ne
laiſſât pas de ſe faire admirer
moins par ſon étendue que par
la ſçavante diſtribution de toutes ſes parties , & leurs excellen-

tes proportions. L'eftime de Louis
XIV. pour les hommes de génie,
alloit jufqu'à la paffion. Elle étoit
connue de tous ceux qui l'appro-
choient, & c'étoit lui faire fa
cour, que d'appercevoir des talens naiffans dans les hommes les
plus médiocres en apparence, &
de lui en faire part. L'on diftingua
dans le jeune le Nautre, fils d'un
Jardinier du Roi, quelques difpofitions dans fes amufemens,
pour les décorations des Jardins.
Elles furent cultivées de l'ordre de
Sa Majefté par un habile maître
de Deffin. La Nature, cette fublime maîtreffe, s'étoit déja em-
parée de fon génie, & n'attendoit
que ce fecours pour éclater &
manifefter fes dons, qui en ont
fait le premier homme de l'Univers dans la fcience des Jardins.
L'Etoile de Louis XIV. qui ver-
foit fans ceffe fes plus heureufes

influences fur fon régne, & fur
les hommes qu'elle deſtinoit à l'il-
luſtrer, n'oublia rien pour diſtin-
guer celui-ci. Le Nautre fans
maître, fans modéle parvint à la
perfection de fon art, par la feule
force de fon génie, qui fut toujours élevé & encouragé par les
récompenſes, & encore plus par
les louanges de Louis XIV. rares
& laconiques, mais juſtes & par-
là extrêmement flatteuſes. L'heureux inſtinct de ce Prince faififfoit
toujours non-feulement le bon &
le meilleur, mais encore l'excellent. C'eſt à cette juſteſſe de diſ-
cernement & à fon antipathie invincible pour le petit, le colifichet, & même le médiocrement
beau, que nous devons ces Ouvrages admirables dans tous les
genres qui ont paru fous fon régne. La malignité de l'envie & le
crédit des envieux auroient écraſé,

ou du moins écarté ces hommes précieux qui en ont été les Auteurs, sans la fermeté de ce Monarque à leur résister. (*)

Le Nautre avoit déja charmé le public par plusieurs Ouvrages si surprenans, qu'il étoit moins regardé comme un homme, que comme un créateur. Toutes ses productions étoient des chefs-

------

(*) Parmi une infinité d'exemples, je ne citerai que celui de Moliere, ce fléau charmant de nos ridicules, ce génie plaisant & toujours sensé, qualités si rares dans le même sujet, que depuis l'origine du Théâtre, on en compte à peine deux qui lui ressemblent. Sa Comédie du Bourgeois Gentilhommme étoit connue de quelques personnes de la Cour à qui elle avoit été lue. Les Courtisans & les Marquis qu'elle attaquoit, en firent le rapport au Roi, comme d'une Piéce ridicule, faite uniquement pour amuser le vil peuple. Louis XIV. qui connoissoit le génie de l'Auteur, dit qu'il vouloit la voir jouer incessamment Pendant sa représentation faite à Chambord, tous les Courtisans levoient les épaules, & l'écoutoient avec pitié. Moliere après la piéce aborda en

d'œuvres.

d'œuvres qui ne pouvoient échapper à mes yeux toujours occupés
à démêler & à récompenser tout
François & tout Etranger en qui
je soupçonnois des talens utiles à
la gloire de ma Patrie & de mon
Roi. Je m'entretins avec ce sçavant homme du besoin pour cette
Capitale d'un Jardin public qui
pût répondre à sa grandeur, à sa

---

tremblant Sa Majesté qui avoit gardé un grand
silence pendant tout le tems de la Comédie.
Le Roi lui dit assez froidement, qu'il vouloit
la voir une seconde fois. Ses ennemis triom-
phoient, & ne doutoient point qu'elle n'eût
déplu à Sa Majesté. On la rejoue, nouvelle
frayeur de Moliere, quand il fut au Roi pour
entendre son arrêt. *Moliere*, lui dit Louis
XIV. *je suis tout-à-fait content de votre Comédie, voilà le vrai comique & la bonne &*
utile plaisanterie ; continuez à travailler dans
ce même genre, vous me ferez plaisir. Moliere
fut comblé de joye & les Courtisans de désef-
poir. Si Sa Majesté s'en fût rapporté à d'autres,
qu'à lui seul pour en juger, Moliere étoit dé-
couragé, rebuté, & nous perdions l'homme le
plus rare & le plus parfait en son genre qui ait
été jusqu'à nous.

E

dignité , & au nombre des Habitans. Je lui dis mes vûes sur l'emplacement des Tuileries , & lui
levai tous les obstacles qu'il opposoit au choix de ce lieu pour l'é-
xécution de ses idées. Une rue
séparoit l'ancien Jardin d'avec le
Palais des Tuileries , & alloit de
S. Roch à la Seine ; je la fis fermer. Tout le côté du Quai , depuis ce Palais jusqu'à la porte de
la Conférence , étoit bordé de
maisons , entr'autres celle de
Mad^lle. de Guise , elles furent
abbatues pour construire à leur
place une belle terrasse sur la riviere. Je fis encore joindre à l'ancien terrein celui du jardin du
sieur Renard. Le Nautre alors
maître d'un théâtre proportionné
à la grandeur de ses idées, fit tracer & planter ce Jardin , qu'on
peut appeller son triomphe , par
l'art avec lequel il a sauvé les ir-

(51)

régularités du terrein, par la variété & les belles formes des Bo-
quets (*) & des Boulingrins, par
la simplicité & la magnificence
remarquable de ses Perrons ; enfin
par la position de toutes ses parties, peu nombreuses à la vérité,
mais grandes ; & qui forment un
spectacle que l'œil revoit toujours
avec le même enchantement.

_____

(*) Toutes les Charmilles qui formoient ces
Bosquets, avoient péri en partie par le grand
Hiver, & par leur ancienneté, elles auroient
pû être rétablies. Mais après que Louis XV.
eut quitté les Tuileries pour Versailles, on
les détruisit entierement, soit par l'épargne
de leur entretien, soit par l'amour du bon
ordre & pour empêcher les indécences que
l'épaisseur de ces Charmilles occasionnoit.
Ce changement a diminué considérable-
ment la beauté & la variété du dessein de
l'intérieur de ce Jardin. Il paroît beaucoup
moins grand depuis que l'œil le peut pénétrer,
& le parcourir tout entier au premier regard.
L'on a perdu le plaisir de la surprise à l'aspect
imprévu de chaque nouveau Bosquet, dont les
formes toutes différentes étoient variées sans
être bizarres.

E ij

C'eſt, en un mot, le plus ſimple, le plus ſçavant & le plus beau Jardin de l'Univers.)*)

Ce projet fut à peine achevé que j'employai cet habile homme à l'embelliſſement des Maiſons Royales. Il fit a Fontainebleau le Parterre du Tibre, le Canal, & la grande Piéce verte ſur ſa gauche, ornée de pluſieurs jets peu élevés

---

(*) Quoique tous les Etrangers ſoient d'accord ſur la rare beauté du jardin des Tuileries, ils conviennent en même tems qu'il y a un grand défaut. C'eſt celui de manquer d'abri & de retraite dans les ſurpriſes d'orage & de mauvais tems, en un lieu d'une auſſi vaſte étendue, & où ſe raſſemble une multitude immenſe. Le Nautre avoit ſans doute eſtimé les deux Galleries ouvertes en Portiques à côté de la principale entrée, ſuffiſantes pour ſervir de refuge en ces occaſions. On avoit privé le Public pendant pluſieurs années de celle qui eſt à droit au rez de-chauſſée ſur le jardin, mais on vient de la lui rendre. C'étoit un bien dont il avoit toujours joui, & qui lui appartenoit comme abſolument néceſſaire en pluſieurs occaſions.

en forme de gros bouillons qui
semblent sortir de l'herbe de cette
prairie. Nouveauté qui fut alors
fort goûtée, & heureuse en ce
qu'elle confondoit la nature simple & négligée avec un agrément
qui paroissoit ne rien devoir à
l'Art. Il fit construire à S. Germain cette longue & belle terrasse dont la vûe est si surprenante,
& y traça quelques jardins. On
voit à Meudon, dont il a replanté
tout le Parc, des productions admirables de son génie dans les
bas & dans les hauts, entr'autres
dans la piéce appellée les Cloî-
tres. C'est encore à sa science que
l'incomparable Chantilly doit ses
beautés si ravissantes & si singulié-
res, que l'on n'en trouve l'idée
nulle part. (*) Dès que l'on est

_____

(*) Un des grands coups de l'art de la
Nature dans le lieu enchanté, c'est de n'en
E iij

arrivé dans ce beau lieu, l'on se
croit transporté dans un climat
enchanté. Ce charme naît de ce
que, sans le secours d'aucune
vûe que sur lui-même, ce lieu
présente les aspects les plus rians
& les plus aimables. Par-tout ils
semblent être l'ouvrage seul de la
plus belle nature, par la science
avec laquelle l'art y est caché, &
par l'avantage du terrein. Bien,
différent en cela de celui de Versailles, où l'art se montre par tout,
& la nature nulle part. Le présent

avoir point mis dans la vaste prairie qu'arrose
la riviere ; & qui est presque toujours couverte d'animaux paissans. On est ravi de trouver
la nature simple, & sans aucun ornement au
milieu de tant de chefs-d'œuvres de l'esprit
humain. Un Jardinier moins habile eût planté
cette prairie, & y eût fait des Bosquets ou des
Boulingrins ingénieux, il eût tout gâté. C'est
à cette plaine sans art qu'est dû l'effet de celui
des deux collines dont elle fait le fond & le repos. C'est ce grand emplacement découvert
qui semble donner la vie aux beautés de Chantilly, & la gayeté à ceux qui en jouissent.

qu'elle à fait à Chantilly de l'eau
vive d'une riviere qui partage ce
Parc, & qui forme dans sa naif-
sance une Cascade prodigieuse,
est une faveur singuliere & sans
prix, par l'agrément des eaux
jaillissantes nuit & jour qu'elle
fournit à ces jardins délicieux.
Heureux les le Nautre qui trouvent des lieux aussi favorisés de la
nature pour y exercer leurs talens !
Plus heureux les Princes qui pos-
fédent ces hommes rares, qui en
connoissent le prix, & sçavent
aggrandir, & enflammer leur génie par leur familiarité & leurs récompenses !

Louis XIV. ayant enfin choisi
Versailles pour son séjour ordinaire, je destinai les Sieurs Man-
fard & le Nautre, à en faire une
habitation digne de nos Rois. Dès
que ce dernier eut tracé ses idées
sur ce terrein ingrat, il engagea

Louis XIV. à venir fur les lieux pour juger de la diſtribution de ſes principales parties & de leurs ornemens. Il commença par les deux piéces d'eau qui ſont ſur la terraſſe au pied du Château & leurs magnifiques décorations. Delà il lui expliqua ſon idée pour la double rampe en forme de fer à cheval qui eſt en face du milieu du Bâtiment , ornée d'ifs & de ſtatues , & lui détailla toutes les piéces qui devoient enrichir l'eſpace qu'elle renferme. Il l'amena enſuite par l'allée du tapis verd à cette grande place où ſe voit la tête du canal dont il lui expoſa la longueur terminée par une croiſée , aux deux extrémités de laquelle il plaça Trianon & la Ménagerie. Louis XIV. à chaque grande Piéce dont le Nautre lui marquoit la poſition , & décrivoit les beautés qui lui étoient deſtinées, l'interrompoit en lui diſant, *le Nautre, je vous donne vingt mille francs.* Cette magnifique approbation fut ſi ſouvent répétée, qu'elle fàcha cet homme dont la grande ame étoit auſſi noble & auſſi déſintéreſſée que celle de ſon Maître étoit généreuſe. Il s'arrêta à la quatriéme interruption, & lui dit bruſquement : *Sire, Votre Majeſté n'en ſçaura pas davantage, je la ruinerois.*

LA VILLE.

O Roi véritablement Roi ! magnifique & judicieux rémunérateur des talens, parçe qu'il ſçavoit les apprécier, qu'il les ſentoit, & qu'il les aimoit. Il étoit perſuadé que toute la puiſſance des Souverains de l'Univers ne ſçauroit créer un homme de génie, il étoit pénétré du bonheur d'en posséder un dans le Nature,

L'OMBRE.

Mansard & lui travaillèrent avec la plus grande ardeur aux embellissemens de Versailles. Le premier mit en œuvre tout ce qu'il avoit de science pour décorer son immense façade du côté des Jardins par toutes les richesses de l'Architecture & de la Sculpture. Mais elles ne purent sauver les défauts choquans & l'irrégularité monstrueuse de son plan par l'obstination du Roi à vouloir conserver l'ancien Château du côté de la cour de marbre, fondé, dit-on, fur le souvenir des plaisirs qu'il y avoit eus dans sa jeunesse, mais plus encore fur un respect trop religieux pour une maison élevée par le Roi son pere.

Le plan du Bâtiment de l'Orangerie & de ses Escaliers est

d'un deſſin ſi magnifique, que
l'imagination ne peut rien concevoir de plus grand en ce genre,

LA VILLE.

J'ai oui dire que lorſque le
Czar - Pierre I. vint à Verſailles
en l'année 1717. il en fut ſi frappé, qu'il reſta quelque tems immobile d'admiration ; il prit enſuite ſon crayon & ſon porte-feuil-
le, & en leva le plan pour l'emporter en Ruſſie.

L'OMBRE.

Quoique l'invention du deſſin
de cet édifice ait toujours été
donnée à Manſard, il eſt certain
cependant qu'elle eſt de le Nautre ; & voici ce qui ſe paſſa à ce
ſujet. Louis XIV. n'étant pas
ſatisfait des idées de ſes Architectes pour ce bâtiment, dit pluſieurs fois à le Nautre d'y travail-

ler. Il s'en excusa toujours sur ce
que ses talens étoient bornés à la
composition des Jardins. Mais le
Roi le pressant de nouveau d'y
penser, une nuit cette idée l'é-
veilla , & il se leva pour la tracer.
Le matin il la présenta à Sa Majesté ; elle en fut si satisfaite, qu'elle fit venir Mansard , & lui ordon-
na de la perfectionner, & d'y faire
travailler incessamment. Un médiocre Architecte eût été offensé
de cette préférence, & eût dé-
goûté adroitement le Roi de cette
idée ; mais l'habile homme saisit
le beau & le vrai de quelque part
qu'ils lui viennent. Il ignore ces
basses jalousies , si cheres aux
hommes médiocres & aux petits
sçavans. Mansard cherchoit l'excellent, & le sentoit, quoiqu'il ne
fût pas toujours capable de l'imaginer. Il aimoit la grandeur & la
gloire de son Maître plus que la

sienne propre ; & l'on ne doit
point s'étonner qu'avec un pa-
reil sentiment, il lui en ait fait un
sacrifice en cette occasion. Louis
XIV. fut extrêmement satisfait du
plan qu'il lui présenta quelques
tems après de ses Ecuries qui forment un aspect pour la chambre
du Roi, avec les trois grandes
avenues du Château, aussi beau
& aussi magnifique qu'il pouvoit
être imaginé dans un lieu si peu
avantageux.

Il falloit encore de riches objets pour embellir les vûes de cette grande Gallerie, & répondre à
sa magnificence qui fait l'admiration des Ambassadeurs de toutes
les Cours de l'Europe & de toutes les Nations. Le Nautre con-
çut à cet effet la magnifique décoration, dont j'ai parlé, des
deux piéces d'eau de la terrasse
au-dessous du Château, & celle

des deux rampes ornées de statues,
enfin l'ouverture & la vûe du canal dont les deux extrémités font
si heureusement bornées par les
bâtimens ingénieux de Trianon
& de la Ménagerie. Trianon !
Palais charmant ! dont le plaisir
fut le seul Architecte & les
Amours les Jardiniers ! Tes beautés humbles & par-là plus touchantes , cédent la hauteur & la
magnificence à la sérieuse majesté
du grand Château. Elle lui laissent
sans jalousie le triste avantage de
l'admiration & de l'ennui , pour
jouir du plaisir modeste & bien
plus flatteur de sçavoir toujours
plaire. (*)

_____

(*) Ce fut dans le tems des amours de Louis
XIV. & pour leur servir de séjour , que ce galant édifice fut construit. Il eut été difficile
d'imaginer dans un lieu si peu avantageux par
l'emplacement , rien qui répondit mieux à sa
destination. Le tems en ayant emporté beaucoup d'agrémens, c'est aux Connoisseurs à

Ce n'étoit point assez d'avoir
fait sortir, pour ainsi dire, de
dessous terre, & avec un pouvoir
magique par la rapidité de l'exécution, ces grands Bâtimens &
ces Jardins superbes; il manquoit
à celui-ci l'ame & la vie que
la seule abondance des eaux & la
variété infinie de leurs formes,
pouvoient leur donner. Les plus
beaux Jardins seroient muets &
inanimés sans le bruit enchanteur
de cet élément, & le brillant
spectacle de son cristal. Mais la
situation élevée de Versailles, &
l'éloignement des rivieres s'op-
posoient à cette abondance, &
sembloient la rendre impossible,
si quelque chose peut l'être à un
Ministre uniquement dévoué à
son Roi, & dont tout le génie &

_____

juger par ce qui en reste, de son enchan-
gement dans sa nouveauté.

toutes les penſées n'avoient pour
objet que de ſatisfaire & même
de prévenir ſes déſirs. Ce que j'i-
maginai à ce ſujet, eſt une de
ces entrepriſes comparables aux
plus hardies de cette Nation qui
ſoumettoit à ſes loix, les loix mêmes de la Nature. (*)

Je ne parle point du nombre,
de la variété & de l'invention in-

_____

(*) Ce fut d'amener les eaux de la Riviere d'Eure, priſes à 10 lieues au-delà de
Chartres, c'eſt-à-dire, de près de 25 lieues,
juſqu'au réſervoir de Verſailles, par des Aqueducs de plus de 30 mille toiſes, portés par des
Arcades de 40 pieds d'ouverture & de 76 pieds
de hauteur ſous chefs. Il fallut pour leur ni-
vellement & leurs pentes, leur faire traver-
ſer pluſieurs Vallons, & les conduire en
l'air par des Aqueducs ſentenus de 3 rargs
d'Arcades l'une ſur l'autre, comme celles du
fameux Pont-du-Gard en Languedoc. Elles
avoient en pluſieurs endroits juſqu'à 220
pieds d'élévation depuis leur fond juſqu'à leur
ſommet. Ces Aquéducs apportoient ces eaux
dans un réſervoir immerſe formé de 5 grands
baſſins, & contenant 896 mille muids.

génieuſe

génieufe des Bofquets dans ces Jardins, où la magnificence des marbres, la richeffe de la dorure, la perfection de la fculpture dans les vafes, les bas-reliefs & les ftatues, offrent par tout de nouveaux étonnemens. Je paffe fous filence cet affemblage immenfe de beautés animées par un déluge d'eau, dont les effets bruyans & multipliés en mille formes furprenantes, font un fpectacle fi merveilleux que l'admiration en eft étourdie & muette. C'eft à le Nautre, c'eft à la fertilité de ce beau génie, que Verfailles doit toutes les idées ingénieufes & magnifiques des embelliffemens de fes Jardins.

LA VILLE.

L'on ne fçauroit trop louer l'art de cet homme divin qui a créé tant de merveilles dans un lieu

F

auffi difgracié de la belle Nature, fans aucun mélange d'agrémens même ruftiques. Cependant malgré les efforts de fa fcience, malgré les dépenfes exceffives de ce grand Monarque, il n'a pû parvenir à rendre ce lieu agréable à tous égards ; & il y a éprouvé, *Que tous les efforts de l'Art ne peuvent remplacer les beautés de la Nature ; Qu'il doit l'aider & l'embellir, mais qu'il ne fçauroit jamais la fuppléer.*

L'OMBRE.

Ces heureux fuccès me comblerent de fatisfaction, en ce qu'ils rempliffoient au-delà de mes efpérances les défirs du Roi, & qu'ils avançoient la jouiffance de fes plaifirs. Mais d'un autre côté ces profpérités, en m'attirant tous les jours de nouvelles bontés de Sa Majefté, me faifoient de nou-

veaux ennemis. Le peuple, dont
les vûes font toujours limitées &
les jugemens faux, blâmoit haute-
ment les fommes innombrables
employées aux embelliſſemens de
ce ſuperbe Château. Aveugle ſur
les reſſources de ce Royaume,
qui feront fans bornes fi l'admi-
niſtrateur de ſes Finances ſçait les
régir, & s'il a une attention continuelle à favoriſer le Commerce,
& à foutenir les établiſſemens &
les Manufactures. (*) Il ignoroit
alors combien les merveilles de
Verſailles devoient faire entrer

_____

(*) Si les Miniſtres ne font aſſez vigilans
& extrêmement attentifs à foutenir les établiſſemens commencés fous leurs prédéceſſeurs,
on les voit bien-tôt dégénérer, languir, dé-
périr, & enfin s'anéantir totalement. Quelle
plaie pour l'Etat! foit par les fommes immenſes que coûtent ces établiſſemens, & qui font
perdues pour lui, foit pour les nouvelles qu'il
faut employer pour les rétablir; foit enfin par
la privation des richeſſes confidérables qu'ils
auroient rapportés !

F ij

d'argent dans la France, par la
multitude de curieux qu'elle y a
attirés depuis de toutes les parties
du monde. C'eſt une maxime de
politique des plus importantes à
l'Etat & à un habile Miniſtre,
d'appeller l'Etranger, ſoit par la
magnificence des Edifices, des Pa-
lais & des Salles de Spectacles,
ſoit par la beauté de ſes Manufac-
tures, ſoit encore par l'éclat des
divertiſſemens & la ſplendenr des
Fêtes. Je l'éprouvai à l'occaſion
d'un Carrouſel, que le Roi voulut
donner après la paix de Nimegue,
aux Seigneurs & aux Dames de ſa
Cour, aux Princes étrangers, aux
Ambaſſadeurs & à ſon peuple ;
dans un tems où les Finances,
que j'avois trouvées dans un affreux déſordre, étoient encore
épuiſées par une longue guerre.
Quoique la dépenſe à laquelle le
Roi s'étoit réduit, fut fort mé-

diocre, je lui en expofai les con-
féquences & l'impoffibilité par la
difette des fonds de fon tréfor. Je
priai donc Sa Majefté de me donner quelques jours pour examiner
fa demande , & lui rendre une
réponfe certaine. Ce tems expiré ,
je pris la liberté de lui dire avec
une noble hardieffe , qu'il ne
convenoit qu'à un Roi de Maroc
de donner une Fête de fept à huit
cent mille livres , qui ne pouvoit
laiffer aux Etrangers aucune idée
de fa puiffance & de fa grandeur.
Qu'un Roi de France qui jouiffoit
d'une réputation telle que la fienne , ne devoit fe déterminer à
donner un Spectacle d'un auffi
grand appareil fans y employer
deux ou trois millions. Louis
XIV. magnifique en tout , fe rendit fur le champ à mon avis , &
jugea à propos de renvoyer cette
Fête à des tems plus heureux &

plus opulens. Non, Sire, lui dis-
je, vous pouvez la faire annoncer,
& donner vos ordres pour les pré-
paratifs de la Fête la plus magnifique ; je me charge du payement,
fans qu'il en coûte rien à Votre
Majefté. J'expofai au Roi fort im-
patient le deffein que j'avois depuis quelque tems de changer les
Fermes des Aydes & Gabelles en
régie , & je lui dis que j'allois
l'exécuter s'il me le permettoit.
Mon idée approuvée , le Carroufel fut annoncé fur l'heure dans
tous les Pays étrangers par les
nouvelles publiques. La Capitale
fe remplit de nouveaux habitans
que vous eûtes peine à loger. J'en
fis retarder plus d'une fois l'exécution, pour des raifons d'importance en apparence , & de politique en effet. La Fête fut fi ex-
traordinairement fuperbe & ingénieufe , par le goût & l'habileté

de ceux qui furent choifis pour en
avoir la conduite ; l'ordre , la dignité & la décence y furent fi
parfaitement obfervés , que jamais Roi ne s'eft montré avec tant
d'éclat & de grandeur que Louis
XIV. y parut. Le bruit de cette
Fête alla jufques fous les Pôles.
Tous les Ambaffadeurs en furent
enchantés & jaloux. Les Etrangers crurent à peine les merveilles qu'ils avoient vûes ; & s'en re-
tournerent ennivrés d'admiration
& de refpect pour le Roi , &
comblés d'un fpectacle dont ils
avoient faits tous les frais. Leur
féjour valut plus de cinq millions
à la nouvelle régie qui rentrerent
fidellement dans les coffres de Sa
Majefté (*) .

(*) M. de Voltaire a nié ce trait dans fes
Embelliffemens de Paris , & dit que les Fermes
n'étoient point alors régiés pour le compte du
Roi, mais le fait n'en eft pas moins vrai , & on

LA VILLE.

L'on vous pardonneroit quelques fentimens de vanité à l'occafion de ce trait d'un Politique fi habile. Il me donna trop d'admiration & d'avantages dans le tems pour l'avoir oublié. Que de reffources pour un vrai Miniftre, dans un amour fans bornes pour la gloire de fon Maître !

L'OMBRE.

Ajoutez y encore l'amour pour fa Patrie. Point d'excellent Miniftre s'il n'eft parfait Citoyen, & c'eft le titre qui m'a toujours le plus flatté. A l'égard de la vanité, cette opération ne demandoit pas un affez grand effort de génie pour en concevoir.

---

ne l'a avancé que fur des preuves inconteftables de fa certitude.

ıı

Il m'eût été bien plus difficile de me défendre d'amour propre en penfant à la confiance entiere d'un fi grand Monarque pour un fujet qui n'avoit de mérite que fon zéle exceffif pour fon Roi, & quelques foibles lumieres. Quel prodige de bonté! de vouloir remplir l'intervalle immenfe entre lui & moi par fa familiarité, & fa docilité à fe rendre à mes avis, non fans les avoir examiné avec une forte attention, & un difcernement dont la poftérité ne fçaura jamais la juftefle ni l'étendue.

Je l'avois convaincu de la néceffité dans un Souverain du foin de fa réputation. Je n'oubliois pas de lui rappeller fouvent une des maximes du Cardinal de Richelieu, ce puiffant génie, ce Miniftre le maître de tous les Miniftres à venir, & le mien à tous égards. *Que la principale force*

G

d'un Etat est cachée dans la réputa-
tion du Souverain. Il ne faut pas
cependant s'imaginer qu'il soit
néceffaire aux Rois pour acquérir
cette réputation , & encore moins
pour faire le bonheur de leurs fujets , d'enfanter des miracles , ni
d'avoir une étendue de génie fans
bornes & des connoiffances uni-
verfelles , qui ne leur laiffent rien
ignorer dans les fciences & les
beaux Arts, Ces préfens fi rares de
la nature donneroient à peu de
Princes le droit de régner, fi l'honneur du Thrône & le bonheur de
la Nation en dépendoient. Les
François n'euffent jamais été heureux fous la domination de Louis
XIV., fi à fes lumieres, il n'eût
joint la pratique exacte de quelques maximes aifées , & dont
tous les Rois font capables , qui
lui ont fervi de régle, & qu'il a toujours obfervéés tant qu'il a régné

par lui-même. C'eſt d'abord une
exactitude inviolable à voir par ſes
yeux les Placets & les Requêtes
qu'on lui préſente, pour rendre
juſtice à tous ſes ſujets ſans nul
égard ni aux ſollicitations, ni à
la condition des Supplians. Pour
cet effet, il laiſſera toujours aux
malheureux & aux plus petits,
un accès libre & ouvert juſqu'à
ſa perſonne pour écouter leurs
plaintes. Une grande attention à
s'informer ſi la juſtice eſt rendue
dans tous les Tribunaux, & ſur-
tout dans ceux éloignés de la Capitale. Qu'il s'impoſe une loi inflexible de n'accorder aucune place un peu importante, ni aux
prieres, ni à ſon penchant, ni à
la naiſſance; mais au ſeul mérite,
à la capacité & à la probité, s'il
ne veut décourager ſes meilleurs
ſujets, ſe couper les ſeuls bras capables de ſervir l'Etat dans les
G ij

befoins preffans , & en renverfer toute la force & l'œconomie.

Point de faute grave fans punition, point de belles actions, ni de fervice diftingué fans récompenfe. Lent & très-difficile dans le choix de fes Miniftres qu'il fera parmi les génies du premier ordre, & d'une expérience confommée, ou d'une intelligence extraordinaire dans la partie du Miniftère auquel il les deftine. Même difficulté & même exactitude de difcuffion pour ceux qu'il envoye dans les Cours étrangéres, dont l'importance eft telle qu'elles jugent des qualités & du génie du Souverain par ceux qui le repréfentent. Une vigilance continuelle fur le bon état de fa Marine & fon excellente adminiftration. La même févérité d'attention fur celle de fes Finances & du Commerce, les deux pivots de l'Etat, &

dont il ne doit confier la conduite
qu'aux plus fortes têtes sans nul
égard à la naiffance, mais à la
feule capacité. Que de biens &
d'avantages j'ai procurés à la
France par ce feul moyen ! Enfin
des ordres & des récompenfes
pour faciliter & multiplier les ma-
riages dans les Provinces, & fur-
tout dans les campagnes, le
grand nombre des Sujets étant la
richeffe réelle & la plus grande
force des Rois.

La pratique févére de ce peu
de Maximes fuffit au Souverain,
pour la puiffance & la fureté de fes
Etats, & pour fon bonheur & celui de fes peuples. C'étoit fur ces
matieres que Louis XIV. aimoit
à m'interroger & à s'entretenir.
Je lui avois répété fi fouvent ces
principes du Gouvernement que
je l'avois mis dans la néceffité de
s'en inftruire, pour ne point être

l'esclave de ses Ministres, ni la victime de leur ambition & de leur incapacité. Les entretiens sur ses Bâtimens servoient ensuite de délassement à ces conversations sérieuses. Il n'étoit pas besoin de le réveiller sur la nécessité pour sa réputation, d'appeller chez lui les Etrangers par la magnificence & le goût supérieur des Edifices publics & des Palais; son penchant l'y portoit naturellement. Il avoit la bonté de m'accorder à cet égard toute sa confiance, & de l'abandonner à l'étendue de mon zéle.

Ce fut ce qui m'empêcha de suspendre un seul jour vos embellissemens & ceux de Versailles, pendant les plus fortes dépenses de la guerre avec toute l'Europe. Vous étiez toujours l'objet de mes plus cheres attentions. Mais votre beauté m'occupoit encore

moins que la santé & la commodité des Citoyens. Je fis conftruire le Quai-Pelletier , dont toute
la partie du côté de la riviere portée en l'air & fans foutien , eft un
monument de la fcience de Bul-
let dans la coupe des pierres. Les
Architectes , fes confréres , envieux de la gloire du fuccès dans
une fi hardie entreprife , n'oublie-
rent rien pour la décrier, & couvri-
rent leur jaloufie du prétexte fpé-
cieux de la fureté publique. Je
me fis inftruire de la vérité , &
par ma fermeté je fçus mettre à
profit les talens de cet habile Architecte. Par-là j'élargis confidérablement ce Quai fans abbatre
aucune maifon , ni rétrécir le lit
de la riviere. Le public recon-
noiffant des foins particuliers
que M. Pelletier Prévôt des
Marchands avoit pris de cet utile
réparation qui lui eft dûe, donna

fon nom à ce Quai , malgré les oppofitions de ce modefte & zélé Magiftrat.

J'avois arrêté que toutes les maifons bâties fur les Ponts par un abus inconcevable , ou par l'i-gnorance & la négligence des anciens Magiftrats , feroient ab-batues fans exception. Elles nui-foient confidérablement à la fanté des Citoyens , en s'oppofant au renouvellement de l'air qui fuit le cours des rivieres , & qui eft fi néceffaire pour emporter les ex-halaifons peftilentielles qui s'éle-vent continuellement des immon-dices d'un fi grand nombre d'ha-bitans. Et d'ailleurs , quel agré-ment ne doit pas naître d'une vûe étendue , & qui ne fera plus bor-née par l'afpect hideux & cho-quant de l'extérieur indécent de ces bâtimens du côté de la riviere, où ceux qui les occupent , font

toujours en danger d'être englou-
tis dans les eaux , ce qui eſt déja
arrivé ?

C'eſt par cette même vigilance
ſur la ſanté précieuſe des Citoyens , & qui doit être le premier objet d'un Miniſtre , que
j'avois fait raſer toutes les maiſons
du côté de la campagne le long
des Remparts , (*) avec défenſe
d'y élever le moindre bâtiment ,

(*) Ce Réglement eſt ſi peu obſervé aujour-
d'hui , que l'on a bâti preſque entierement
tout le côté du Rempart qui regarde la campagne , & que l'on y bâtit encore tous les jours.
Ainſi en moins de dix années , le Rempart ſera
une rue qui ne diffèrera des autres de cette
Ville , qu'en ce qu'elle ne ſera pas pavée.
L'empêchement d'un tel déſordre ſi eſſentiel à
la ſanté des habitans & à leur agrément , eſt
d'une grande importance , & mériteroit une
toute autre attention que celle de faire arroſer
une promenade bien-tôt abandonnée , lorſque
l'on n'y aura ni vûe ni reſpiration. Quelque
certains , quelqu'évidens , quelqu'irréparables
que ſoient les maux qui naîtront de cet abus ,
on ne laiſſe pas de le tolérer , & même de

pour vous laiffer arriver toute la pureté & la falubrité de l'air des champs , & rendre par leur af-pect cette promenade délicieufe. Je ne doute point qu'un projet d'une auffi grande utilité , auffi bien que celui qui regarde la def-truction des maifons fur les Ponts, n'ait été exécuté à la rigueur.

LA VILLE.

Ah ! Miniftre trop rare à tous égards ! combien le récit de tout ce que vous avez fait & projetté pour mon bien & celui de mes habitans, m'arrache de foupirs ! Le détail dont vous venez de m'entretenir, excite ma plus forte reconnoiffance en augmentant ma douleur. Que j'aurois de cho-fes à vous dire , fi je ne craignois

---

l'autorifer. Eft-il encore des Citoyens parmi nous ?

que votre tendreſſe pour moi, ne
vous y rendît trop ſenſible ! Achevez, je vous en conjure, achevez
de m'inſtruire de tous vos projets,
ſi cependant votre amour pour le
Roi, votre zéle pour le bien de
l'Etat, & votre tendreſſe pour
les Citoyens, ne ſont pas encore
ſatisfaits.

L'OMBRE.

Aurois-je rempli mes devoirs,
ſi je n'avois travaillé qu'à l'ornement de la Capitale & à l'agrément de ſes habitans ? Après l'important objet de leur ſanté, je
devois encore à mes Compatriotes des biens également ſolides
& honorables. Je voulois par des
bienfaits perſonnels & d'un ordre
ſupérieur, les forcer un jour de
benir ma mémoire. Profondément
inſtruit de leur génie & de leur
capacité pour les ſciences les

plus abftraites & de la fupériorité dans les Arts, dès qu'ils
font échauffés par l'honneur, ou
par les récompenfes, je penfai à
leur apprendre ce qu'ils étoient,
& à connoître l'induftrie qu'ils
poffédoient fans le fçavoir. Je conçus le projet d'établir des Académies de Péinture & d'Architecture, non-feulement pour ne
rien devoir à l'Italie, ni à l'E-
tranger dans les deffins de nos
Edifices, & les enrichiffemens
intérieurs de nos Hôtels & de nos
Palais; mais encore pour forcer
les autres Nations de venir elles-
mêmes admirer nos Peintres &
nos Architectes, & de les appeller chez elles dans leurs befoins.

Sa Majefté inftruite de mes
projets pour l'avantage & la gloire de la France, fe hâta d'éta-
tablir chez vous & dans la Capitale de l'Italie une Compagnie

de François choisis sous le titre
d'Académie pour s'enrichir des
trésors de cette Nation, & disputer à ses habitans la primauté dans
les beaux Arts dont ils étoient
possesseurs depuis si long-tems,
& que nous leur avons enlevés
par ce moyen. Quelle foule de
François excellens en Peinture,
Architecture & Sculpture, j'ai
laissé dans l'enceinte de vos murs,
qui l'emportoient déja sur la superbe Italie ! Avec quelle rage de
jalousie & de désespoir elle vit
une Nation étrangere dans les
Arts, & presque barbare il y avoit
50 ans, capable d'avoir imaginé
la magnifique composition des Batailles d'Alexandre par l'illustre le
Brun, qu'elle fut forcée d'admirer
dans les belles Estampes qu'on lui
en envoya ! Combien d'Ouvrages
merveilleux de nos autres grands
Peintres & fameux Sculpteurs

François enchantent encore aujourd'hui les yeux sçavans de cette Nation & des Etrangers, & font le plus bel ornement de leurs Eglises & de leurs Palais! Ceux entr'autres du Poussin, de l'incomparable Puget, de l'Algarde, de le Gros, Flamand, &c.

LA VILLE.

O siécle mémorable de Louis XIV.! que votre image, quelque éloignée qu'elle paroisse aujourd'hui, me flatte encore! Il vous devra, divin Colbert, l'admiration & l'étonnement de tous les siécles.

L'OMBRE.

Quelque utiles que soient les beaux Arts, (*) ils ont besoin

(*) On met ordinairement au nombre des beaux Arts, l'Architecture, la Peinture, la

pour les éclairer, & pour la sûreté de leur marche, du secours des Sciences qui ont plus d'étendue, plus d'élevation, & embrassent un plus grand nombre d'objets. Elles exigent aussi une plus grande étendue de connoissances & de génie.

Telle est la science des Mathématiques, de la Géométrie, de la Mécanique, &c. pour la Géographie, l'Astronomie, la Navigation, le Commerce, les besoins de la société, &c. celles de la Chimie, de la Botanique, &c.

Sculpture, la Gravure, & la Musique. Ce dernier est le moins utile & le plus dangereux, en ce qu'il amollit l'ame, & l'entretient dans une oisiveté qui rend celui qui s'y livre, inutile à l'Etat, & inhabile aux sciences élevées. Je dis, pour l'ordinaire, & ne parle que de ceux qui en font leur unique occupation. La Musique en soi étant louable, & même utile quand elle sert d'amusement & de délassement après un long travail d'esprit ou d'application.

pour la Médecine, & une infinité d'autres. Je pensai donc pour la promptitude de l'exécution de mes projets, qu'il étoit de la grandeur du Roi de faire franchir à ses bienfaits les limites de ses Etats, pour aller enrichir les Sçavans dans les climats les plus reculés. Les bontés de ce grand Prince & sa magnificence, me laisserent la liberté de leur ouvrir ses trésors à mon choix.

M. Cassini le plus Sçavant Astronome, non-seulement de l'Italie, mais de tout l'univers, fut prévenu à Boulogne par les dons de Louis XIV. Je le mis en correspondance avec notre Académie; mais ce n'étoit point assez, l'Astronomie Françoise avoit besoin de la présence de ce grand homme. J'entrepris de l'arracher à sa Patrie, & de le fixer à Paris. Je le fis presser vivement d'y

venir

venir par nos Miniſtres réſidens en
Italie. L'envie qu'il avoit de rendre ſes hommages de reconnoiſſance & d'admiration à Louis
XIV., allarmerent Clément IX.,
le Duc de Modéne, & le Sénat
de Boulogne dont il occupoit la
chaire d'Aſtronomie. Leurs vi-
goureuſes réſiſtances, loin de me
décourager, enflammerent ma ré-
ſolution. Enfin je l'emportai ſur
ces Puiſſances, & il obtint la per-
miſſion d'un prochain retour. C'é-
toit ſon deſſein ; mais les bontés
de Louis qui ſe connoiſſoit en
hommes, & qui le reçut en Roi
& en ami ; les bienfaits dont il
l'accabla pour le dédommager du
revenu des emplois dont il jouiſſoit, & que le Pape, & la Ville
de Boulogne lui firent payer exactement malgré ſon abſence, eſ-
pérant par cette généroſité le rappeller plutôt en Italie ; les diſ-

tinctions dont Sa Majesté l'hono-
ra ; enfin le mariage qu'elle lui fit
contracter pour le rendre François
pour toujours ; (ce furent les propres termes que S. M. lui adressa)
le forcerent de rompre les atta-
chemens de la Patrie , du sang,
& de l'amitié pour se donner entierement à la France , alors la
véritable patrie des Sçavans dans
tous les genres.

Les plus célébres des autres
parties de l'Europe , sur-tout du
Nord, éprouverent la même générosité du Roi. (*) Ceux dont

(*) Isaac Vossius & plusieurs autres. Voici
la Lettre que le Roi fit écrire à celui-ci par
Colbert.

*Quoique le Roi ne soit pas votre Souverain,
il veut être votre Bienfaiteur, & m'a com-
mandé de vous envoyer cette gratification par
la lettre ci-jointe , comme une marque de son
estime & un gage de sa protection. L'on sçais
que vous suivez dignement l'exemple de M.
Vossius votre pere , & qu'ayant reçu de lui un
nom qu'il a rendu illustre par ses Ecrits , vous
en augmentez la gloire par les vôtres. Sa Ma-*

les engagemens se trouverent in-
violables, tinrent à grand honneur
d'être associés à l'Académie des
Sciences de Paris , d'établir avec
elle une correspondance réglée
en lui envoyant leurs Ouvrages.

***

jesté se porte avec plaisir à gratifier votre mé-
rite , & j'ai d'autant plus de joye qu'elle m'ait
ordonné de vous le faire sçavoir , que je puis
me servir de cette occasion pour vous assurer
que je suis : Monsieur , votre très-humble &
très-affectionné serviteur. COLBERT. A
Paris, ce 11 Juin 1663.

En voici encore une de Colbert à Jean
Hévélius Bourgmestre de Dantzick , homme
très-sçavant , & à qui l'Astronomie est redevable d'une infinité de découvertes très-impor-
tantes. Il s'appliqua à cette science pendant 50
années sans interruption.

La perte que vous avez faite par l'incendie
de votre maison , a donné de la douleur à tout
ce qu'il y a de gens de Lettres dans le monde
chrétien , & à tous ceux qui les protégent Le
Roi mon maître a bien voulu prendre quelque
part à cette perte commune qu'a fait la Litté-
rature , & à la vôtre particuliere. Sa Majesté
veut pour l'adoucir , & vous donner le moyen
de continuer vos sçavantes occupations , vous
fait un présent de 2000 écus , que le sieur
Formont de Dantzick a ordre de vous faire

H ij

Mais les travaux de nos meilleurs Aftronomes ne pouvoient être portés à leur perfection fans le fecours d'un édifice conftruit pour les obfervations Aftronomiques. Pour cet effet je fis élever fous la conduite de M. Caffini une Obfervatoire au Fauxbourg S. Jacques, où il eut la gloire d'achever cette fameufe Méridienne, le plus bel ouvrage d'Aftronomie qui exifte, avec celle de Ste. Petrone à Boulogne. La conftruction de cet Obfervatoire eft un chef-d'œuvre dans l'art de bâtir, dû aux foins & à l'habileté du célébre Perrault qui en fut l'Architecte.

Ce fut dans ces tems heureux

---

payer. Vous connoîtrez par-là que le Roi mon maître n'eft pas moins grand dans les tems de paix, qu'il l'eft à la tête de fes armées, lorfque fes ennemis l'obligent de s'y porter. Signé, COLBERT. A S. Germain 18 Décembre 1679.

que je vis accourir en France
de toutes parts les Arts libres ,
les sciences , & les Sçavans af-
surés d'y trouver azile, patrie ,
honneurs & récompenses. Louis
le Grand faisoit des conquêtes littéraires dans les pays les plus reculés , bien plus flatteuses que
celles qu'il devoit à l'effusion du
sang & à la force des armes.
Une générosité si magnifiquement singuliere , & jusques - là
inouie accabla ses envieux , &
força les Souverains de l'Europe ,
non - seulement à l'admiration ,
mais encore au respect.

LE LOUVRE.

Quelle joye pour vous , ô mon
pere ! de voir le nom de votre Roi
porté par votre zéle au plus haut
degré d'honneur & de gloire , où
il pouvoit être élevé ! Paris devenu
l'azile & la patrie des plus grands

hommes de l'Europe ; la nation
Françoife rendue par vos travaux
& vos établiffemens fupérieure à
toutes les Nations ; les peuples
dans l'abondance , les Etrangers
dans l'enchantement ; & les Souverains dans le refpeƈt ! Que pouvoit encore défirer votre foif in-
fatiable pour l'honneur de fa Patrie ?

L'OMBRE.

Mes défirs n'étoient point fa-
tisfaits. Je ne voyois point encore
la France & la nation dans l'état
de fplendeur & d'aifance que je lui
deftinois, & auquel mon aƈtivité
& mes lumieres n'apperçevoient
aucun obftacle. Je découvrois
dans le génie & l'induftrie du
François une mine inépuifable de
tréfors qui n'étoit ouverte qu'à
mes yeux. Je la voyois fupérieure
en richeffes à celles du Portugal

& de l'Espagne dans le nouveau monde, si je pouvois la mettre en œuvre à mon gré. (*) Sans cesse occupé de ce projet, j'observois avec douleur les autres Royaumes s'enrichir du luxe effréné de nos citoyens, auquel il eût été même dangereux d'opposer une barriere. Les impôts que leur payoit la vanité Françoise & son ardeur pour la nouveauté, mu-

---

(*) Dès que M. Colbert entra dans le Miniftere, il forma le deffein de porter la France au plus haut dégré de fplendeur en la mettant en état de fe paffer de fes voifins, & même de leur donner la loi. Il fçavoit qu'une bonne Marine étoit la feule voie pour y parvenir. La nôtre étoit fi médiocre qu'il falloit tirer de la Hollande toutes les munitions qui lui font néceffaires, & jufqu'à des ancres, de la mêche, des cables préparés, des cordages, du falpètre, & même de la poudre à Canon. Ce grand Miniftre donna de fi bons ordres, que dans une année toutes ces manufactures furent établies chez nous, & fur de meilleurs modéles. La céiérité dans l'exécution des ordres d'un Miniftre eft effentielle, & donne une nou-

tiloient fans ceffe le corps de l'E-
tat en enlevant des fommes immenfes qui auroient été fes bras &
fa vigueur. Les belles Tapifferies
de Flandre ne fe perfectionnoient
que pour enrichir nos appartemens. Venife ne fondoit, & ne
poliffoit fes Glaces que pour les
embellir & les éclairer. Que devoit faire un fage Miniftre, ne
pouvant changer ni arrêter cette
ntempérie de goût dans la Nation.

---

velle force à fes projets. Mais elle eft l'effet de
la netteté & de l'étendue de fes lumieres, de
l'activité de fon génie, & de fa fertilité en expédiens prompts à forcer tous les obftacles.
Sans cela un projet eft abandonné pour un nouveau qui fait fentir les défauts du premier, &
ce dernier eft bien-tôt oublié & refte fans effet.
Par-là tout languit dans l'inaction & l'incerti-
tude, les occafions échappent, les maux aug-
mentent, & deviennent enfuite irréparables.

La meilleure partie de cette note-cy fur M.
Colbert à l'égard de la Marine, eft tirée de
l'*Effai fur la Marine & le Commerce*, ouvrage
excellent de M. Deflandes, & le meilleur,
ans contredit, qui ait jamais été fait en ce genre pour l'avantage de la France.

pour le luxe, que d'employer ſes talens & ſon induſtrie, non-ſeulement à former chez elle la matiere de ces nouveaux embelliſſemens, mais encore d'en rendre l'Etranger avide en la portant à une plus grande perfection ? Je l'entreprends & j'y réuſſis. J'enleve à nos voiſins tous leurs avantages à cet égard. J'attire les ouvriers les plus habiles de tous les pays par les plus fortes récompenſes. Bientôt on voit ſortir de la manufacture Royale des Gobelins des chefs-d'œuvres, l'admiration de l'Europe & le déſeſpoir des Flamands. Veniſe, l'orgueilleuſe Veniſe s'avoue vaincue, non par la perfection du criſtal, avantage de la matiere qu'on ne pouvoit tranſporter, mais par le voulume infiniment ſupérieur, & par la beauté du travail des Glaces dont

I

j'établis les manufactures. (*) De combien de millions ces deux établiſſemens ont fruſtré l'Etranger, & que de tréfors ils nous ont apportés ! (**) je ne parle point

———————————————

(*) Il faut ici remarquer un prodige réel dans la perſonne de ce Miniſtre. C'eſt que dans le même tems qu'il établiſſoit en France, & faiſoit fleurir par ſa vaſte intelligence cette foule preſque innombrable de Manufactures pour relever la Marine & le Commerce, il faiſoit auſſi travailler dans le même tems aux embelliſſemens de Paris ; le Jardin des Tuileries, le Louvre, l'Obſervatoire, le Rempart, les Portes, les Avenues, &c. à ceux des Maiſons Royales, Verſailles, Trianon, la Menagerie, Marli, S. Germain, Fontainebleau, le fameux Aqueduc de Verſailles, le Canal de Languedoc, &c. Qu'il fondoit des Académies pour les Sciences & les Arts à Paris & à Rome ; qu'il encourageoit tous les ſçavans François & étrangers par des récompenſes & d'immenſes libéralités. La poſtérité pourra-t-elle croire que la tête d'un ſeul homme ait été l'ame unique de tous ces travaux, & qu'il ait imaginé & exécuté en moins de 10 années tant de merveilles, auxquelles la vie de pluſieurs Miniſtres auroient à peine ſuffi pour les concevoir ?

(**) Combien de richeſſes le Sr. Julien le

des autres manufactures de draps
de laine & de foye , dentelles ,
points de France que je fis établir , qui furpafferent ou égale-
rent au moins celles de nos voifins. (*)

Roi a fait venir en France des pays étrangers &
de tout l'univers , fa réputation ayant pénétré
jufques dans le nouveau monde ! Quelle gloire
il a acquife aux François par fes fçavantes &
utiles découvertes dans l'Horlogerie , en pri-
mant aujourd'hui fur toutes les Nations , &
particulierement fur les Anglois ! Il les a
fruftré de l'honneur qu'ils avoient depuis fi
long-temps & avec juftice , d'être les Maîtres
en cette Science , & des fommes immenfes
qu'on leur envoyoit de toute part avant que
ce fçavant homme leur eût enlevé la feule
primauté qui lui reftoit fur la nôtre dans les
Arts. Sa fuperiorité eft fi fort reconnue à
Londres par fes plus habiles Horlogers , par les
Seigneurs , & par toute la nation , qu'il envoye aujourd'hui autant de Montres , & de
Pendules en Angleterre que dans tous les autres pays. Je ne parle point de quelle utilité a
été la juftefle incroyable de fes Pendules pour
les obfervations Aftronomiques , la Géographie , les voyages de long cours fur la mer &
fur la terre pour mefurer fa figure , &c.

(*) Quoique l'on foit obligé de fupprimer

Je ne m'aveuglai point, malgré tant d'heureux fuccès, fur le
danger d'avoir favorifé le luxe &

---

ici un grand nombre d'autres établiffemens par
ce Miniftre, dont le détail feroit trop long,
on ne doit pas paffer fous filence l'attention
qu'il eut aux Haras du Royaume. Lorfqu'il entra dans le miniftere, il les trouva entiérement abandonnés, & celui du Roi anéanti. Il
appella de Normandie un Gentilhomme nommé *de Garfault* très-habile dans la conduite
des Haras & dans la connoiffance des chevaux.
Il le confulta beaucoup à ce fujet, & lui
confia la direction & l'infpection générale des
Haras du Royaume & de celui du Roi.

Voici l'extrait d'une Lettre de S. M. écrite
fur ce fujet à M. Colbert que j'ai trouvé à la
Bibliothéque parmi fes papiers. Elle eft du
feptiéme Mars 1669.

Je fais état d'envoyer le fieur de Garfaut *en*
Angleterre au mois de Juin prochain, non-
feulement pour y acheter quelques chevaux
pour moi, mais encore pour y obferver tout ce
qui fe pratique dans les Haras de ce Royaume,
&c. Signé, LOUIS.

Je rapporte ce trait avec bien de la fatisfaction, parce qu'il prouve que le Miniftre ne
travailloit pas feul à augmenter la puiffance
de ce Royaume, & à nous paffer de nos voifins, en tirant les inftructions les plus exactes de tout ce qui fe pratiquoit chez eux à
leur avantage, & qui pouvoit fervir à celui

forcé les particuliers à multiplier
leurs dépenses, qui, sans passer
dans les pays étrangers, n'occa-
sionnoient pas moins leur ruine,
pour des tems éloignés à la vérité,
mais que mon zéle pour les citoyens apperçevoit. Je n'ignorois

---

de la France, mais que le Roi secondoit le
Ministre, partageoit ses travaux, & étoit per-
suadé de l'utilité des Etablissemens nouveaux
dans cet Etat, pour empêcher l'argent d'en
sortir, & y attirer celui des Etrangers.

Je reviens à M. de Garsault. Le Roi attacha
des honneurs & des appointemens considérables à cette charge, & en peu d'années cet
établissement fut dans sa vigueur. Ce Ministre,
qui pensoit à tout ce qui pouvoit être utile
à sa nation, & avantageux à l'Etat, avoit
formé le dessein d'établir en plusieurs Provinces des courses de chevaux, & des prix
comme en Angleterre, pour y les dresser. Si ce
projet eût réussi, comme on n'en sçauroit
douter, nous ne serions pas dans la nécessité
d'envoyer notre argent au-delà des mers, ni
chez les étrangers, & ils séroient venus eux-
mêmes acheter nos chevaux. C'est aux héritiers du nom & des talens de M. de Garsault que le Haras du Roi doit encore aujour-
d'hui son bon état. Il est situé près de la Ville
de Séez,

pas que le libertinage , la perte des mœurs , l'affoibliffement des courages , & la fraude font les fuites néceffaires du luxe. Cette derniere fur-tout devient indifpenfable par le befoin de s'enrichir à quelque prix que ce foit , & par toutes fortes de voies ; effet du luxe le plus certain & le plus funefte aux Sujets & à l'Etat. Je penfai donc à affurer par des moyens folides , des reffources à l'Etat & des richeffes à la France indépendantes des tems , de la mode , & de l'inconftance de la nation. Je travaillai non-feulement à rendre la jaloufie de nos voifins impuiffante à nous enlever le fruit de ces établiffemens , & l'affurance aux particuliers de leurs fortunes , mais encore à jetter la terreur chez nos ennemis , & leur imprimer du refpect pour notre nation. Je ne le pouvois que par deux moyens infaillibles, le Commerce & la Marine, (*) feuls remparts d'un Etat, & qui le rendent inébranlable aux fecoufles des révolutions inévitables à tous

---

(*) Pour donner une légére idée des attentions infatigables de Colbert , à mettre en vigueur chez nous la Marine & le Commerce qu'il regardoit comme les deux colonnes de ce Royaume , & l'unique moyen de le porter au dégré d'élévation qu'il projettoit , voici l'extrait d'une Lettre qu'il écrit à un François fon correfpondant à Londres. Je l'ai tirée des Regiftres manufcrits de fes dépêches concernant le commerce tant dedans que dehors le Royaume qui font dans la Bibliothéque du Roi.

Lettre à M. Colbert à un particulier François à Londres.

. . . . . L'on m'a dit que vous aviez auprès de vous le Sr. de S. Hilaire, qui eft un Eccléfiaftique du Diocèfe de Beauvais ; & fur ce que l'on m'a affuré qu'il avoit beaucoup de connoiffance des ouvrages maritimes, & qu'il s'y étoit particuliérement appliqué , comme à maintenir la navigation des rivieres dans lefquelles la mer entre , le nettoyemens des Ports , Havres , & autres ouvrages de ce genre ; & que nous manquons en France de gens

les Empires , & dont les plus fçavantes Fortifications ne fçauroient
les garantir. Je n'avois point oublié cette maxime de deux des
plus grands Généraux de l'an-

---

bien capables de ces fortes de travaux, vous
me ferez plaifir de me faire fçavoir fi en effet il
vous paroît capable d'en conduire , & fur-tout
de s'appliquer pour fe rendre encore plus ha-
bile , parce qu'en ce cas je pourrois lui deftiner
quelque emploi , & cependant il pourroit exa-
miner avec foin tous les onvrages de l'Angle-
terre , en lever les plans , & enfuite paffer en
Hollande pour faire la même chofe. Si vous l'ef-
timez capable de cet emploi , & que fes incli-
nations s'y portent , en me le faifant fçavoir ,
je lui enverrai tout l'argent qui lui fera
néceffaire , &c. 25 Juin 1669. Signé
COLBERT.

Voici encore un extrait d'un regiftre où font
répondues par fes ordres , les inftruction qu'il
demandoit à fes correfpondans non-feulement
dans l'Europe , mais dans les trois autres parties du monde. Il y en a plufieurs volumes qui
étonnent les Lecteurs par l'étendue immenfe
de ce génie prodigieux & fans bornes , qui
embraffoit toutes les branches & toutes les
efpéces de commerce , & fur-tout celui de
la Mer. le plus important à la France. Je n.

tiquité, l'un Grec & l'autre Romain. (*) *Quiconque veut dominer fur la Terre, doit commencer par dominer fur la Mer.* Le deſſein d'une excellente Marine avoit été formé avant moi par le Cardinal de Richelieu, Miniſtre le plus profond dans la ſcience de la Politique & du Gouvernement que la France ait eû ; & dont le génie illimité en em-

---

rapporte que quatre titres d'Articles que j'ai pris au hazard, concernant les fujets fur leſquels il vouloit être inſtruit.

Raiſons de ruiner le Commerce en Turquie.

Raiſons de régler l'établiſſement du Commerce aans les Indes & dans la Perſe, priſes de celles auxquelles les Hollandois ont réuſſi, ou manqué.

Raiſons de l'établiſſement du Commerce en Perſe en général.

Raiſons de faire paſſer le Commerce de la Perſe dans l'île de Madagaſcar, & des moyens qu'il y faut employer, &c. C'eſt du 9 Mars 1666.

(*) Themiſtocle & Pompée.

braſſoit toutes les parties pour les
aſſervir au bien & à l'honneur de
ſa nation. L'heureuſe ſituation
d'un Royaume uni aux deux
Mers, ſur-tout à la plus importante ſur laquelle il domine, l'é-
tendue de ſes Côtes, leurs faciles accès, le nombre de ſes Ports,
tant de précieux avantages n'a-
voient point échappé à ſes yeux
toujours ouverts ſur les reſſources
de l'Etat, & l'avoient fait ſouvent
gémir de leur inutilité. J'eus le
bonheur de ſuivre ſes vûes en
cette partie avec ſuccès. Je travaillai à l'établiſſement d'une Marine étendue & bien adminiſtrée,
dont une partie pût aſſûrer par ſa
force & par ſa bonne conſtitution,
celle du Royaume, & l'autre porter à tous les peuples de l'univers le fruit de nos travaux & de
nos manufactures ; & rapporter
tous les jours dans nos ports, avec

l'or & l'argent des Etrangers ;
tout ce que la nature nous a re-
fufé. Bien-tôt l'océan & la méditerranée virent avec étonnement leurs eaux couvertes d'une
quantité de Vaiffeaux qui leur
étoient inconnus, & bien moins
redoutables par le nombre , que
par l'habileté de ceux qui les
commandoient.

Après avoir rendu le Pavillon
François refpectable fur les deux
Mers, je penfai à former, à l'i-
mitation de nos voifins , une
Compagnie pour le Commerce
des Indes Orientales , que j'avois
toujours regardée comme le Pé-
rou de la France , fi elle pouvoit
être portée un jour à la perfection que j'avois imaginée , par la
vigilance & la capacité des Miniftres mes fucceffeurs.

Je n'avois point cependant encore pû faire travailler à l'exécu-

tion du plus grand projet qui
m'eût occupé, & que je défirois
ardemment ; c'étoit l'union des
deux Mers. Il avoit été préfenté
au Cardinal de Richelieu, qui en
fut frappé, en faifit à l'inftant tous
les avantages, & ne le perdit jamais de vûe ; mais l'Etat dont il
tenoit feul le gouvernail , étoit
alors battu de fi rudes tempêtes ,
qu'il ne pût même en faire commencer les travaux. Je l'envifa-
geois, non-feulement comme la
plus grande & la plus importante
entreprife pour le bien du Commerce & de l'Etat qui eût encore
été imaginée , mais encore comme la plus terrrible pour l'exécution. Auffi-tôt que je la propofai ,
elle fut rejettée comme une chi-
mere. Il falloit vaincre mille obftacles effrayans qui fembloient
être au-deffus des forces humai-
nes. Peut-être auroient-ils éton-

né le courage & l'habileté de
ce Peuple intrépide qui ne connoiſſoit point d'étonnemens. Le
Roi même eut beaucoup de peine à croire cettejonction prati-
quable , prévenu par des perſonnes jalouſes de mes ſuccès ,
& par d'autres d'un eſprit timi-
de & étroit. Enfin après avoir
perſuadé Sa Majeſté des avantages immenſes de ce Canal pour
la richeſſe de ſon Royaume ,
Elle me permit d'envoyer ſur les
lieux ceux que j'eſtimerois capables de juger de ſa poſſibilité. Je
rendis leur rapport exactement au
Roi , & lui dis avoir trouvé dans
la tête d'un ſeul François , tous
les hommes qui m'étoient néceſſaires pour la hardieſſe de mon
entrepriſe. Ce Monarque , dont le
génie élevé & vaſte s'emparoit avidement de tout ce qui étoit
grand , & en même tems utile à

l'Etat par le Commerce, de l'importance duquel je l'avois convaincu, pour rendre fon Royaume florissant & affermir fa puissance, m'en abandonna le foin. Cet homme unique, qui m'étoit absolument nécessaire pour réussir, (*) fçavoit parfaitement la position de tous les lieux, & la Topographie la plus exacte & la plus détaillée de la Province du bas Languedoc par les emplois qu'il y avoit exercés en homme habile. Je lui donnai toute ma confiance, & la conduite générale de ce grand ouvrage. Les Rochers & les hauteurs des Montagnes des Pirénées d'une part, & ceux de la Montagne noire de l'autre, s'opposerent envain à ces travaux ; plusieurs furent entiérement coupées, abbatues & percées de part en part.

_____

(*) M. Riquet.

Des réservoirs immenses construits pour suppléer aux défauts
des rivieres dans les sécheresses.
Un Canal de 27 Ecluses du côté
de l'Océan fut creusé dans l'espace de 14 lieues. Un autre de
46 Ecluses du côté de la Mer
Méditerranée dans celui de 50,
& une infinité d'autres. Enfin
tous ces grands ouvrages furent
heureusement achevés en 14 années, & quand même leur succès
n'auroit pas été si parfait, le courage seul de l'entreprise auroit mérité l'admiration & l'étonnement
de ceux qui seront instruits du
nombre & de la grandeur des obstacles qu'il y avoit à surmonter.
(*)

_____

(* (On lira ici avec plaisir les vers que fit
le grand Corneille pour Louis XIV. sur la
Jonction des deux Mers. C'est un des plus
beaux morceaux de Poësie qui soit en notre
langue, soit par la grandeur des idées, soit par

LA VILLE.

O! François courageux & infatigable ! qui avez plus enrichi le Royaume par vos travaux que les Monarques guerriers par la conquête de plusieurs Provinces ! Citoyen à qui les Républiques d'Athénes & de Rome auroient décerné des honneurs divins, & éle-

---

la cadence & l'harmonie merveilleuse avec laquelle elles sont exprimées.

Vers de PIERRE CORNEILLE *sur la Jonction des deux Mers.*

La Garonne & le Tarn en leurs grottes
     profondes
Soupiroient de tout tems pour marier leurs
     ondes,
Et faire ainsi couler, par un heureux pen-
     chânt,
Les trésors de l'Aurore aux rives du cou-
     chant.
Mais à des vœux si doux, à des flammes si
     belles,

                                             vé

vé des autels ! Quel bonheur pour
vous d'avoir eu Louis XIV. pour
Roi ! Si les Souverains ont acquis
de la réputation pour avoir fait
élever quelques beaux édifices
pendant leur regne , quelle doit
être la gloire de ce Monarque
pour un si grand nombre d'ouvrages merveilleux , dont il a rempli la France ? Combien de Ports
& de Havres construits , pour établir ou faciliter le commerce avec

---

La Nature attachée à des loix éternelles ,
Pour invincible obstacle opposoit fiérement
Des monts & des rochers l'affreux enchaî-
    nement.
France , ton grand Roi parle , & les ro-
    chers se fendent ,
La terre ouvre son sein , les plus hauts
    monts descendent.
Tout céde. Et l'eau qui suit les passages
    ouverts ,
Le fait voir tout-puissant sur la terre & les
    Mers.

nos voifins ! la communication des
mers, les rivieres rendues naviga-
bles, les Palais des Rois fes prédécefleurs, augmentés ou embellis, la grandeur & la magnificence
de celui de Verfailles, les montagnes coupées, les vallées com-
blées, les eaux forcées à quitter
leurs lits, & portées en l'air pour
venir transformer un lieu aride &
& en horreur à la nature, en un
lieu enchanté, & qui raffemble
toutes les merveilles des Arts.
Quelle multitude de Statues parent fes Jardins ! Quelle abondance d'eau de toute part leur donne
la vie, & fous combien de formes
ingénieufes elles nous enchantent ! Les Palais de l'Europe les
plus célébres, ont-il jamais offert
aux yeux des fpectacles auffi ingénieux que ceux des ornemens
& des Peintures de la grande
Gallerie & de l'Efcalier des Am-

baſſadeurs ? Encore une fois
quelle gloire pour le Prince &
pour le Miniſtre qu'un aſſemblage ſi prompt & ſi inconcevable
de tant de prodiges ! Mais en même tems, quelle perte pour moi,
& pour toute la Nation que la
yôtre !

LE LOUVRE.

Hélas, ma douleur eſt encore
plus juſte & plus profonde ; permettez-moi, grand Miniſtre, de
vous en expoſer les ſujets. Mais
pourrois-je auparavant apprendre
le détail de vos bontés, & de tous
vos travaux pour moi ? Ils aug-
menteront à la vérité la honte de
mon état préſent, & le ſentiment
de mes humiliations ; mais ceux
de reconnoiſſance qu'ils excite-
ront dans mon cœur, feront au
moins quelque diverſion à ma
douleur.

L'OMBRE.

La dignité de votre édifice &
sa magnificence étoient aussi l'objet de mes désirs & de mes soins
les plus appliqués. Eh comment
aurois-je pû être attaché à mon
Roi avec autant de tendresse , &
ne pas épuiser tout ce que j'avois
de capacité pour rendre son Palais supérieur à tous les Palais
des autres Monarques ! Voici les
moyens que j'employai.

Pendant le tems que je faisois
travailler à Versailles & au grand
ouvrage de la jonction des mers ,
les embellissemens de ma Patrie
m'occupoient toujours. Je ne per-
dois point de vûe mon dessein de
relever l'honneur de la capitale &
de la venger de l'oubli & de la
négligence de mes prédécesseurs
pour sa décoration & ses aligne-

mens. Mais l'édifice qui exigeoit
toute l'étendue, toute l'application de mes lumieres & la plus
grande célérité dans sa perfection,
étoit le Palais du Souverain. Les
Magistrats, le peuple, tous les
citoyens, & même les étrangers
soupiroient après l'achevement du
Louvre. Je n'avois rien à ajouter
à la face de ce Château du côté
des jardins. Celui dont je venois
de l'embellir si heureusement,
étoit le plus grand ornement & le
plus parfait que l'on y pût sou-
haiter. Il formoit à ce palais un
aspect enchanteur, & les vûes en
étoient terminées assez agréablement par les allées de l'Etoile
fort avancée dans la campagne
(*). Il ne me restoit plus qu'à

_____

(*) M Colbert a fait planter les champs
Elisées, l'Etoile & les allées du Roule sur les
desseins de le Nautre. Toute la partie de ce

finir le nouveau Louvre & son frontispice du côté de l'Eglise de Saint Germain l'Auxerrois, qui est celui de son entrée, & qui doit annoncer de loin le

---

beau plant sur la gauche du côté de la riviere a été achevé de son vivant. Elle se raccorde sçavamment avec l'ancien cours le long de la Seine appellé le cours la Reine, planté par Marie de Médicis, & renouvellé sous la régence de M. le Duc d'Orléans. On l'appelle aujourd'hui le nouveau ou le petit cours. Le dessein de M. Colbert étoit de former la partie droite des Champs Elisées sur le même plan que la gauche, sa mort en empêcha l'exécution. Il a été non-seulement abandonné, mais l'on a vendu de plus le terrain à différens particuliers qui y ont fait construire de beaux Hôtels avec de grands jardins sur les champs Elisées, ce qui rend aujourd'hui le projet de ce Ministre impraticable. Cependant on pourroit en quelque sorte réparer cette négligence, en faisant servir ces jardins à l'embellissement de cette partie, en fermant par des grilles de fer peintes en verd tous ceux qui en seroient susceptibles, pour ne point terminer les vûes de ce Parc par les objets désagréables des murs d'enceinte. C'est ce qui a été pratiqué très-heureusement à Londres dans le Parc St. James, & qui y ajoûte même une beauté.

Palais du Maître de la nation. Le
Roi défiroit avec la plus grande ardeur de le voir achevé, & me dit
qu'il ne vouloit rien épargner pour
rendre fa façade fupérieure en

On devoit encore, fuivant le même plan,
poufler la grande allée du milieu en face des
Tuíleries jufqu'à la riviere qui n'en eft pas
éloignée, & y bâtir un pont. Un grand chemin au-delà planté d'arbres, auroit mené à
Saint Germain, & toutes ces allées euffent
conduit au bois de Boulogne. La partie droite
de ce bois appellée la Plaine des Sablons auroit été plantée d'arbres, & eut formé un magnifique parc terminé en terraffe fur la riviere. Le grand chemin de Saint Germain eût
abouti à une large chauffée qui en montant in-
fenfiblement auroit conduit à un magnifique
pont fur la Seine d'une feule arche, dont la cu-
lée du côté de la montagne auroit été prefque
au niveau de la grande efplanade qui conduit
aux deux Châteaux de Saint Germain. Cet ouvrage qui n'eut pas coûté des fommes immenfes, auroit joint à la Capitale de la France, un
Cours digne d'elle par fa fuperbe grandeur & fa
régularité. Le coup d'œil en eut été fi furpre-
nant qu'il auroit étonné toutes les Nations.
Nous en jouirions aujourd'hui, & de combien
d'autres merveilles, fi Colbert eût encore
vécu dix années !

tout à celle des Tuileries. Il m'or-
donna d'y employer la magnificence la plus fomptueufe dont
l'architecture puiffe décorer , &
diftinguer un édifice de cette importance. Quelque habiles que
fuffent nos Architectes François ,
je ne me bornai point à leurs
idées. Le Cavalier Bernin avoit
alors avec la réputation du plus
grand Sculpteur , celle de premier
Architecte de l'Europe par l'élevation de fon génie , & le fublime qu'il répandoit dans toutes
fes compofitions. J'en parlai à
Sa Majefté. Elle me chargea de
l'engager à venir en France , &
de l'attirer de Rome où il étoit
alors , par des bienfaitsa bon-
dans & les récompenfes les plus
flatteufes. Pour le preffer davantage , elle lui affura une pen-
fion de 6000 livres pendant fa
vie , & une gratification de 50
milla

mille écus. Elle lui envoya en
même tems son Portrait chargé
de diamans. Outre les frais de son
voyage qui devoient lui être
payés, on lui promit encore cent
francs par jour pendant sa demeure à Paris. Le Cavalier Bernin ne
tarda pas de s'y rendre. Mais ses
deſſins pour le Frontiſpice du
Louvre n'ayant pas rempli l'idée
que l'on avoit de sa haute capacité, ni ſatisfait le goût de Louis
XIV., ils ne furent point ſuivis.
La fortune qui épioit toutes les
occaſions de ſervir un ſi grand
Prince, & qui lui formoit dans
ſes propres Etats des hommes ſu-
périeurs à ceux des autres Nations, lui fit rencontrer dans sa
Capitale ce qu'elle avoit inutilement cherché dans les pays
étrangers. J'avois des eſpions à
Paris, dans tout le Royaume, &
même chez l'Etranger pour dé-

L

couvrir le mérite caché. L'on me parla avec de grands éloges de Claude Perrault. Il étoit né avec une étendue d'esprit capable de toutes les sciences (*). Il

(*) Claude Perrault étoit fils d'un Avocat au Parlement de Paris, fort versé dans les Belles lettres qui développa & exerça lui-même les heureux talens que ses quatre fils avoient reçus de la nature. Chacun d'eux s'est distingué dans la Littérature par quelque ouvrage, & même l'aîné Receveur Général des Finances a fait un sçavant traité de Physique, & la France lui est redevable de la seule & bonne traduction du Poëme Italien de la *Secchia rapita* du Tassoni ; il se nommoit Pierre. Charle son frere étoit de l'Académie Françoise, & fort connu dans le monde Littéraire par le grand nombre de productions agréables de son esprit en tous les genres, & sur-tout par son zéle pour la préférence des Modernes sur les anciens. Il étoit fort versé non-seulement dans les sciences & dans les beaux Arts, Architecture, Peinture, Sculpture, Mécanique, mais encore dans les arts subalternes. Il s'étoit chargé, à la sollicitation de M. Colbert, du soin de déterrer les hommes à talens, afin de n'en laisser aucun sans appui, ni sans récompense. Il obtint par ces vastes connoissances la place

s'étoit fait un grand nom dans
la Médecine & dans la Physique
par des Mémoires excellens, donnés au public sur l'Histoire naturelle & sur celle des animaux. Il

---

de premier Commis de la Sur-Intendance des
bâtimens, dont il devint ensuite Controlleur
Général, & n'employa le crédit de cette place
que pour l'avancement des sciences & des arts.
Ce fut lui qui procura à l'Académie Françoise,
après la mort du Chancelier Seguier, l'honneur d'être logée au Louvre, & fit accorder
des honoraires aux assiduités des Académiciens.
Ce fut encore sur ses Mémoires que Colbert
forma les Académies des Sciences, Inscrip-
tions, Architecture, Peinture & Sculpture. Il
avoit aussi le talent de la Poësie, & parmi le
grand nombre d'ouvrages qu'il a faits en ce
genre, ausquels il n'avoit pas le loisir de mettre la dernière main, il y en a quelques-uns
où l'on trouve de vraies beautés comme dans
son Poëme sur la Peinture, & encore plus dans
celui sur les Jardins dédié à M. de la Quintinie,
& imprimé à la tête de son ouvrage. Mais ce
qui lui mérita l'intimité & l'entiere confiance
de ce Ministre, ce fut la droiture incorrupti-
ble de son cœur. Excellent ami, simple, modeste avec un si grand nombre de talens & de
connoissances, il lui fut toujours fidélement

L ij

lut dans nos affemblées de l'Académie des Differtations fur l'Architecture qui me parurent fi fçavantes & fi profondes, que j'en-
gageai S. M. à l'obliger de travailler à la traduction de Vitruve
pour l'avantage public, & fur-
tout de l'Académie d'Architecture. Ce grand ouvrage ne l'effraya
point; & pour réuffir parfaitement,
il s'arracha entiérement à l'étude
de la Médecine & aux expériences
de Phyfique, & abandonna les
connoiffances étendues qu'il avoit
de la ftructure du corps des animaux pour fe livrer à celle des
bâtimens. Il abjura le culte qu'il
rendoit à Hippocrate, ce célébre
Philofophe, en qui il difoit que
tout le bon fens de la Gréce

---

attaché, & féconda de tout fon zèle & avec
fuccès fa paffion exceffive pour la gloire de fa
Nation, & l'immortalité de fon Roi,

étoit renfermé, pour porter tous
ses hommages à un sçavant également illustre en son genre, &
qu'il estimoit aussi nécessaire pour
former les bons Architectes, que
les Aphorismes Grecs pour faire
d'habiles médecins. Sa traduction
fut enrichie de notes excellentes
par l'étendue de son érudition, &
sur-tout de celle dans la partie des
Mathématiques qui regarde la
Mécanique & les forces mou-
vantes, si nécessaire à tout Architecte. A peine cette traduction
parut, qu'elle eut un cours prodigieux en France & chez les
étrangers. Le Vitruve François
n'honorera pas moins le siécle de
Louis XIV. que le Latin a il-
lustré celui d'Auguste. C'est à
l'attention que j'eus de le détourner par cette traduction, de ses
autres études, que j'attribue l'entiere métamorphose du bon Phy-

ficien en excellent Architecte.
Quelque foibles que fuſſent mes
connoiſſances dans ce bel Art,
les entretiens fréquens que j'avois
eus avec ce ſçavant homme, m'en
avoient donné les plus hautes
idées. Je lui confiai mes regrets de
n'en avoir pas fait une étude particuliere dans ma jeuneſſe, & ſur-
tout de celui du Deſſin pour pouvoir lui tracer mes penſées. Vous
êtes dans une grande erreur, me
dit-il, il eſt fort heureux pour un Miniſtre & encore plus pour un Souverain de ſe trouver dans l'impuiſſance de perdre un tems qui leur
eſt ſi précieux, à crayonner des
idées qui ne ſçauroient être utiles par l'ignorance des grands
principes de cet Art & le défaut
de pratique. Ces foibles connoiſſances leur font même nuiſibles,
en ce que leurs productions étant
applaudies par des flateurs, quel-

que médiocres qu'elles foient ;
elles font fouvent préférées pour
l'exécution aux excellentes. D'ailleurs ces fortes d'amufemens .
étant toujours bornés à de petits
objets, ils achevent de rétrécir
leur goût, & leur génie au lieu
de l'agrandir. Il y a long-tems
que l'on a repréfenté un Prince
qui fait bâtir, & celui à qui il
confie le foin de fes bâtimens ,
par l'emblême d'un homme fans
mains, mais avec de bons yeux
& d'excellentes oreilles ; pour exprimer que ni le Roi, ni le Miniftre ne doivent point travailler eux-
mêmes aux Deffins de leurs bâtimens , qu'ils n'ont befoin que de
bons yeux pour juger de ceux
qu'on leur préfente , & d'excellentes oreilles pour écouter les
confeils des perfonnes capables de
leur en donner. Voilà ceux qu'ils
doivent chercher avec une ardeur

L iv

continuelle ,& fuivre enfuite leurs
avis , quand ils auront eu le bonheur de les trouver. Il ne s'agit
pas, me difoit-il encore, pour un
Sur-intendant des bâtimens d'un
Roi tel que celui d'aujourd'hui ,
d'élever des pierres ; mais de porter fes édifices publics au plus
haut dégré de perfection où l'Architecture puiffe arriver. La raifon
en eft fenfible. C'eft que leurs
beautés exiftent éternellement ,
& que leurs défauts font irréparables. Mais où trouver d'excellens
Architectes ? Combien d'hommes
en ufurpent le nom qui font à
peine de bons ouvriers ? S'il fuffi-
foit pour le mériter d'avoir vû
l'Italie , & d'y avoir mefuré exactement fes beaux édifices anciens
& modernes , de connoître les
proportions des cinq Colonnes &
les parties de leurs Ordres , d'en
avoir élevé plufieurs l'un fur l'au-

tre , que d'Architectes il y auroit
dans le monde ! Mais ce n'eſt
point là ce qui conſtitue le grand
Architecte , c'eſt le génie ſeul ,
ainſi que dans tous les autres arts.
C'eſt de l'avoir aſſez élevé pour
pénétrer les principes & les ſour-
ces de ſes vraies beautés , approfondir les raiſons primitives de
leurs proportions , de leurs divi-
ſions , & des ornemens aſſignés
à chaque Ordre ; ſentir par la
force & l'activité d'un génie vigoureux , & par une longue expérience , tous les effets d'un grand
enſemble avant de le mettre en
œuvre , voir s'il doit réſulter
de la diſtribution de ſes maſſes,
cette harmonie , & cet accord qui
ramene tout à l'unité. C'eſt enfin ſçavoir prendre des licences
à propos , ſans paroître choquer
les régles , ni s'éloigner des ſages
proportions , pour y jetter cette

élégance & cet agrément qui charme & qui ravit ; pendant que la froide correction & l'obferva-tion la plus fcrupuleufe de ces mêmes régles , glace le fpecta-teur & ne l'émeut d'aucun plaifir.

Ce furent ces difficultés de for-mer de grands Architectes , ajou-ta Perrault , qui me porterent , avant de faire travailler à ces im-portans Edifices qui doivent fervir de modéles à la poftérité , à vous engager de folliciter S. M. d'en-voyer des perfonnes habiles en cet Art dans l'Egypte, la Gréce, la Syrie , la Perfe & par-tout où fub-fiftent encore des veftiges & les ruines refpectables de cette pre-miere Architecture prefque auffi ancienne que le monde. (*)

_____

(*) Il eft vrai que l'on n'avoit point encore la connoiffance des belles proportions, & que la Sculpture en étoit très-médiocre. Mais la

Quelle grandeur ! quelle vaſte
étendue dans ce qui nous reſte du
Palais des rois de Perſe à Perſé-

---

prodigieuſe élévation, l'étendue de leurs édifices, la ſcience & la ſolidité de leur excellente conſtruction, ſuffiſoit pour mériter l'admiration de la poſtérité. Périclès Roi d'Athenes
fit changer tout-à-coup de face aux Arts dans
cette ville. Il l'enrichit de Temples, de portiques, de Statues, &c. Il créa le goût des
Athéniens pour les beaux Arts, excita l'émulation des meilleurs ouvriers, fit élever des
monumens en toute ſorte de genre auſſi étonnans par la promptitude & en même tems la
ſolidité de la conſtruction, que par la ſouve-
raine perfection où ils furent portés en très-
peu d'années. Ce fut alors que l'on vit une
hardieſſe de beauté dans l'Architecture Gré-
que, & dans de grands ouvrages de Sculpture
dont il ne nous reſte plus de veſtiges que dans
les Auteurs. Elle conſiſtoit autant dans l'é-
norme grandeur des ſujets, que dans la juſteſſe
admirable de leurs proportions. Ce n'étoit pas
ſeulement par ces deux raiſons que les Statues
Gréques faiſoient l'admiration de l'univers,
mais par une autre qui leur eſt bien ſupérieure,
c'étoit par la vigueur de cette expreſſion de
l'ame dans les traits du viſage, & par la vérité
des caractères ſi rare aujourd'hui parmi nous.
Phidias Athénien fit la ſtatue de Minerve de

polis ! Les plus superbes demeu-
res de nos Rois Européens, font-
elles comparables à l'immenfité

---

19 pieds de hauteur, & celle de Jupiter Olim-
pien qui en avoit 60. Cette derniere, l'a im-
mortalisé. Il avoit donné au Maître des Dieux,
un caractere si majestueux, si terrible ; en un
mot si divin, qu'on lui demanda s'il avoit été
ravi dans le Ciel pour y dérober une idée si fublime & si fort au-dessus de toutes celles des
hommes ? Cicéron répond pour lui, & dit
qu'une imagination élevée, grande & noble lui
avoit suffi sans quitter la terre, pour peindre
la Divinité ; qu'il n'en avoit point cherché les
traits ni l'image dans aucun objet visible, mais
dans la sublimité de son génie, où il s'étoit formé une idée de la majesté qu'il avoit imprimée
à son Dieu, & qui frappoit de terreur & de respect tous les Spectateurs. Combien nous som-
mes aujourd'hui éloignés des Grecs, non-seulement par les grandes & majestueuses proportions de leurs ouvrages, mais par cette énergie,
cette force, cette vérité d'expression de l'ame
dans chaque caractere! Je ne parle point ici de
beaucoup d'autres édifices célébres dans la
Gréce, & regardés comme les merveilles de
cet univers. Tel étoit le fameux Temple de
Diane à Ephèse, le Tombeau de Mausole roi
Carie, le Fanal de l'Isle de Pharos, le port
du Pirée, &c ; & tous les autres édifices bâtis
sous le regne immortel du roi Periclès.

& à la magnificence d'une feule
des piéces de ce Palais? (*) L'on
ne pouvoit donc rien confeiller à
Louis XIV. de plus digne de fa
grandeur, & de plus utile aux
Arts pour les porter à leur perfection la plus fublime, que d'envoyer dans tout l'Orient recueil-
lir les précieux débris de ces merveilles du monde pour former
parmi nous d'excellens Architectes, & élever nos idées à la
majefté de celles des anciens.

En général, la vafte étendue
dans les grands corps d'Architecture, lorfqu'une belle harmonie
& de juftes proportions regnent

(*) Il eft très-certain que la grandeur des
objets eft abfolument néceffaire pour remplir
l'idée du grand beau. Une perfonne d'une
taille médiocre, quoique très-bien proportion-
née & même belle, ne fera jamais appellée
une beauté parfaite, parce qu'il lui manquera
l'avantage de la taille qui fait la majefté &
incline à la vénération.

dans toutes les parties & les ra-
menent à l'unité, forme un fpectacle qui ravit l'ame, la tranfpor-
te au deffus de fa fphére ordinaire, & lui imprime une admiration mêlée de refpect & d'étonnement.

Il eft vrai que les hommes
doués d'une fupériorité de génie
capable de concevoir & d'enfanter ces ouvrages du premier ordre, ce grand, ce merveilleux,
ces hommes, dis-je, font très-
rares, & ont de plus une fierté
attachée à leur caractere qui naît
de l'élévation de leurs fentimens.
Ces grandes ames ne fçauroient
s'abbaiffer jufqu'à faire leur cour
à dès hommes médiocres & trop
petits pour voir la hauteur de
leurs talens. (*) D'ailleurs ces

(*) La fervitude auprès des Grands, au fentiment de Longin, appauvrit l'ame, & la fait
fenfiblement décroître & maigrir.

hommes de génie rougiroient d'entrer en lice & en paralelle avec des concurrens ignorans , & d'un caractere pour eux trop méprisable , qui leur seroient surement préférés par l'intrigue & l'intérêt , ou du moins par le défaut d'examen , & le peu d'estime des talens supérieurs. Par-là , ces hommes rares se voyent exclus nécessairement des seules places qu'ils ambitionnent , qui sont celles données au mérite , & où on est le maître d'exécuter ses idées sans être contrarié par des supérieurs , & où enfin ils seroient assurés de parvenir à la plus haute estime & à la considération la plus distinguée. Elle étoit telle chez les Romains, cette noble fierté , que plusieurs ont mieux aimé se procurer la mort que de se voir forcés à travailler à des bâtimens qui n'auroient pû

éternifer leur mémoire. C'eſt
donc au Miniſtre habile & vi-
gilant à chercher ces grands
hommes avec paſſion, à les arracher à l'obſcurité qui les dérobe, & à les prévenir par toute forte de bienfaits. Il ne les
trouvera ni dans l'antichambre
des Rois, ni à la porte des
Grands, ni à la ſienne occupés
à traiter avec leur livrée du prix
de leurs entrées. Ennemis des
baſſeſſes de tous ces valets de la
fortune, vils reptiles que l'on
voit lêcher la terre, & vivre d'op-
probres pour s'ouvrir les cabinets
des favoris par les voies les plus
honteuſes & les rebuts les plus
humilians; ces génies élevés, ces
ames hautes & ſatisfaites de la
dignité de leurs ſentimens, ſeule
véritable nobleſſe, aiment la retraite & l'obſcurité, & n'ambitionnent que les honneurs donnés

nés au mérite. Comme ils ne
veulent avancer qu'en marchant
fur la ligne droite, ils abhorrent
ces allures obliques & tortueufes
qui menent aux grandes charges
& aux premiers emplois. Mais
comment découvrir ces hommes
rares ? à quoi les difcerner ? à
quoi ? le voici. A la franchife & à
la modeftie de leurs propos, à
la droiture de leur cœur, à leur
amour pour la vérité, leur haine
pour la flatterie, & fur-tout à leur
générofité & leur défintéreffe-
ment. Voilà leur enfeigne, voilà
le fignal infaillible auquel le Miniftre les pourra diftinguer, s'il a
lui-même une ame capable de
ces fortes de diftinctions !

C'étoient là les fujets de nos
entretiens avec cet homme ferme & éclairé. Je m'en fuis rappel-
lé quelques traits en votre faveur.
Que n'ont-ils été écrits & donnés

M

au public ! Ils vous auroient pû former d'auſſi grands Citoyens que d'excellens Architectes.

LA VILLE.

Quelque ardeur que j'aye pour les beautés des Arts , & pour l'embelliſſement & la perfection de mes Edifices , j'en ai une bien plus forte pour tout ce qui pourroit établir des ſentimens de droiture & d'élevation dans le cœur de mes habitans. Je vois avec plaiſir que l'indifférence pour la fortune eſt preſque inſéparable de la ſupériorité des talens , & que la généroſité & le déſintéreſſement ont toujours été le ſceau & l'empreinte qui caractériſent les grands hommes.

LE LOUVRE.

Le plaiſir que j'ai de vous entendre , ô mon pere ! ne me fait point oublier la fuite du récit de vos travaux en ma faveur, que j'ofe vous prier de continuer.

L' O M B R E.

J'y reviens. Dès que le Cavalier Bernin fut arrivé à Paris, Perrault chercha avec avidité les occafions de s'entretenir avec lui ; mais fes difcours ne fatisfirent point l'opinion extraordinaire qu'il en avoit. Dans tous fes deffins, dont il lui fit part, il admira la beauté de fon génie & la vafte étendue de fon imagination digne d'une réputation fi célébre ; mais fes plus belles compofitions en architecture n'étoient prefque jamais affujetties à des proportions exactes, & conformes à celles que Perrault s'étoit formées fur les plus beaux Monumens Grecs & Romains. A l'égard de fon goût pour la décoration des Mau-

folées , des Pompes funébres ?
des Fontaines publiques , & des
Ouvrages d'importance & d'une
grande étendue , aucun génie de
fon fiécle n'a égalé,& peut-être aucun n'égalera la hauteur & la ma-
gnificenee de fes penfées. Perrault
me fit fentir en bon juge , mais
fans jaloufie , les écarts, les licences & le mépris des grandes régles au travers des beautés qui
brilloient dans fes deffins pour
le frontifpice du Louvre. Peut-
être l'Italie accoutumée depuis un
fiécle à la licence des Sçavans de
fa nation dans les Arts comme
dans les Lettres, eût admiré fon
projet. Peut-être auffi eût-il été
adopté par la nôtre fous un regne
moins éclairé ; mais les yeux du
Roi ne furent point ébbouis par
de fi magnifiques féd ictions.
Après beaucoup d'accueil à l'Auteur, il me déclara en fon abfence

qu'il n'étoit point satisfait. Quel-
quesmois après, Perrault eut l'honneur de lui présenter un deſſin
pour cette façade ; S. M. fut quelque tems à l'examiner, puis elle
s'écria avec satisfaction que c'étoit
ce qu'Elle déſiroit. Elle fut frappée
& satisfaite de la grandeur & de
la riche ſimplicité de cette majeſ-
tueuſe ordonnance , & m'ordon-
na d'y faire travailler ſur le
champ , & de prodiguer à ſon
auteur toutes les facilités & les
fonds néceſſaires pour ſa parfaite
exécution. Et c'eſt où doivent
toujours tendre les Souverains ,
dans les Ouvrages d'importance
auxquels ils ſe determinent. L'é-
conomie de la dépenſe en ces
occaſions eſt une foibleſſe d'eſprit néceſſairement ſuivie de la
honte & de l'inutilité des regrets.
La préférence que donna Louis
XIV. au deſſin ſage & ſimple

de Perrault, fur les beautés fé-
duifantes, mais défectueufes de
celui du Bernin, prouvoit dans
ce Prince un grand difcernement,
& le goût du vraí beau, extrêmement rare chez tous les hommes,
& fur-tout chez les Grands. Tout
le monde eft convenu, & même
les Etrangers, que le deffin du
Périftile du Louvre eft un chef-
d'œuvre de grandeur de génie, &
en même tems de bons fens &
de raifon. (*) C'eft fur cette raifon,

_____

(*) Plufieurs perfonnes ont difputé inutilement à Claude Perrault la gloire d'avoir
donné le deffin de la Colonade du Louvre,
fondés uniquement fur ce que Boileau rapporte à ce fujet dans fes Réflexions critiques
fur Longin. Mais le iugement particulier de
cet illuftre Satyrique feroit très récufable, s'il
étoit contraire au général & à celui de tout le
public qui l'a toujours donné à Perrault fans
varier. Tout le monde fçavoit alors la haine
de Boileau contre Meffieurs Perrault, qui
prenoit fa fource dans l'ouvrage du Paralelle
des anciens & des modernes par Charles Perrault frere de l'Architecte, où il donnoit la

me difoit fouvent ce grand Architecte , fur ce concours & ce
rapport général d'approbations ,
qu'ont été établies les régles &
les belles proportions confacrées
dans l'architecture à chaque Ordre. Elles ne doivent cependant
jamais être fi refpectées qu'elles
ne puiffent fouffrirquelque exception par la différente pofition des
objets affujettis aux différens afpects de l'œil qui les obferve. La
fcience même de l'Optique , fi
néceffaire à l'Architecte , ne fçau-

_____

préférence entiere à ces derniers fur les premiers , & où Boileau n'étoit pas bien traité. Il
eut même quelques difputes affez vives avec
l'Architecte dont il avoue qu'il avoit voulu fe
venger par la façon dont il en parle dans fon
Art poëtique, auquel cependant il ne pût refufer dans la fuite la qualification de bon &
d'habile Architecte dans fes écrits. Il dit dans
fes Réflexions critiques, *Qu'un des plus célé-*
bres Architectes qu'il n'ofe pas nommer, ce
qu'il faut bien remarquer , *s'eft offert de lui*
faire voir papiers fur table , que le deffin de

roit donner des régles certaines à
cet égard, & ce n'eſt que la juſteſſe de ſon génie & l'art de pre-
voir les effets de ſes parties, ſuivant la diverſité de leurs emplacemens, qui peuvent autoriſer &

---

la Façade du Louvre eſt du ſieur le Vau & non
de Perrau't. Si ce célébre Architecte (Dorbay
diſciple de le Vau) avoit pû tenir ſa parole,
avec quelle joye maligne Boileau eût ſaiſi cette
occaſion de ſe venger de ſon ennemi, en lui
enlevant la gloire dont il avoit joui juſqu'alors
ſans aucune conteſtation, d'être l'auteur de ce
chef-d'œuvre ? Mais tout au contraire, Boileau déclare en rapportant ce fait, *qu'il ne
veut point entrer dans cette diſpute, & que
s'il prenoit un parti, ce ſeroit en faveur de
Perrault.* Je ne vois pas quel avantage les ennemis de ce dernier peuvent tirer du diſcours
de Boileau qui me paroît décider en ſa faveur.
Quelque mordant que fut ce grand Poëte, ſon
eſprit ſeul étoit ſatirique, mais ſon cœur étoit
droit & aimoit paſſionément la vérité. Il en
a donné des preuves dans ſa réconciliation ſin-
cere avec Perrault dans la lettre qu'il lui écri-
vit ; où il lui avoue, *que le dépit de ſe voir
critiqué lui avoit fait dire des choſes qu'il auroit mieux fait de n'avoir pas dites.* Il en uſa
de même avec Quinaut après l'avoir ſi injuſ-

faire

faire réuffir ces fortes de licences.

Quoique les deffins du Cavalier Bernin pour la façade du
Louvre n'euffent point été agréés,

---

tement décrié , & fe rétracta de tout ce qu'il en
avoit dit.

Je joins à la réfutation de cette autorité , le
bel éloge que fit à la mort de Claude Perrault
le célébre & fçavant Bafnage dans fon hiftoire
des ouvrages des fçavans au mois de Novembre
1688. dont voici un extrait. » ... Il fçavoit
» parfaitement l'Architecture , & M. Colbert
» ayant fait faire des deffins pour la façade
» du Louvre par tous les fameux Architectes
» de France & d'Italie, celui de M. Perrault
» fut préféré à tous les autres, & a été exécu-
» té tel qu'on le voit aujourd'hui , fur les pro-
» fils & les mefures qu'il en a donnés. C'eft
» auffi fur fes deffins qu'a été élevé l'Obfer-
» vatoire de Paris avec toutes les commodi-
» tés qui s'y trouvent pour obferver. Cet édi-
» fice eft d'autant plus à eftimer qu'il eft d'une
» efpéce finguliere & nouvelle en France,
» ce qui demandoit beaucoup de génie & de
» fcience. M. Perrault fit auffi le grand mo-
» déle de l'Arc-de-triomphe du fauxbourg S.
» S. Antoine, dont une partie a déja été conf-
» truite fous fes yeux.

N

il fut cependant décidé que l'on exécuteroit celui qu'il avoit fait du monument pour la grande Place en face de ce Palais, & proportionné à sa largeur. L'E-

---

Un autre témoignage bien puissant, c'est celui de M. de Boffrand qui vit encore, & dont la réputation d'excellent Architecte, & sur-tout d'homme d'honneur & de probité, n'est point équivoque. Son aveu est d'un poids accablant par l'avantage d'avoir été son contemporain. Il m'a dit il y a plus de 20 ans, qu'il avoit vû dans le tems de la construction du Louvre, le dessin de la Façade signé par Claude Perrault. A cette preuve oculaire & invincible il ajoûta, qu'il n'en auroit eû nullement besoin pour décider dans la suite par ses lumieres & son expérience, quel étoit l'auteur de cet admirable édifice. *Il n'est point de véritable Architecte, me dit-il, qui n'apperçoive les rapports qu'ont entr'eux ces trois excellens édifices. On y trouve les mêmes proportions, mêmes profils, même sublimité de génie, sur-tout dans l'Arc-de-triomphe & le Péristile.* Les sçavans en Architecture & en Peinture peuvent juger affirmativement des ouvrages d'un Artiste, comme l'on juge de ceux d'un Ecrivain par son stile & son génie, & par l'é-

glife de S. Germain devoit être
abbatue & rebâtie tout auprès.
Dans cette place s'élevoit un Ro-
cher d'environ cent pieds de hauteur, dont la maffe énorme & fa-

---

lévation ou la médiocrité de l'un & de l'autre.
C'eſt ce que penſe fort ſenſément M. Piganiol
dans ſa deſcription de Paris, tom. 2. pag.
152. où il dit »» Que de tous les Bâtimens
»» conſtruits par le Vau, on n'en voit aucun où
»» il y ait la moindre reſſemblance de leur Ar-
»» chiteƈture avec la magnificence & la gran-
»» deur de celle de Perrault, & enſuite pag.
»» 635. »» Quoique le Vau, dit-il, fut un
»» habile homme dans ſa profeſſion, ce n'étoit
»» pourtant qu'un Architeƈte *de tradition* com-
»» me tous ſes confréres, c'eſt-à-dire, un ob-
»» ſervateur exaƈt des régles qu'on lui avoit
»» appriſes; mais nul génie, nulle imagina-
»» tion, nulle invention au-delà.

Après ce que je viens de rapporter, je crois
qu'on n'exigera pas de nouveaux témoignages
en faveur du ſieur Perrault. Il en eſt cependant encore un de la plus grande force, & égale à celle d'une démonſtration Géométrique,
au ſentiment d'un des meilleurs juges & des
plus grands hommes qui nous reſte du ſiècle de
Louis XIV. Charles Perrault frere de l'Ar-

N ij

vamment bizarre étoit décorée de
Fleuves , de Divinités maritimes,
de Tritons , &c. Les torrens d'eau
qu'ils vomissoient , s'alloient pré-
cipiter dans un immense bassin

---

chitecte publia en 1697. les Hommes illuftres du dix-septiéme siécle , au nombre desquels il rangea avec justice Claude Perrault. Il
lui donne les éloges qui lui font dûs, c'est-à-
dire , les plus grands, pour avoir imaginé ces
trois chefs-d'œuvres d'Architecture ci-dessus
nommés, sans dire un mot de l'attaque de Des-
preaux dans ses Réflexions critiques , ni dai-
gner la refuter par le défaut de vraiesemblan-
ce , & le peu d'impression qu'avoit fait sur les
esprits, un Paradoxe tombé de lui même &
mort dès sa naissance Il se fit plusieurs édi-
tions de son ouvrage in-folio & in-douze , sans
que qui que ce soit ait pensé à disputer à Claude
Perrault ses belles productions. C'étoit donc
un fait de notorieté publique. Or je ne sçai
point d'argument plus fort & plus décisif en sa
faveur, que ce silence, & ce consentement universel. Combien de voix se seroient élevées si
Charles P. eut eû l'impudence de donner
pour vrai , un fait non-seulement faux , mais
même douteux , & de l'affirmer du vivant de
Louis XIV. sous les yeux duquel il s'étoit pas-

d'une forme finguliere revêtu de
marbre, & élevé de 4 à 5 pieds,
L'eau de ce baffin eut été enfuite
diftribuée en plufieurs endroits de
la Ville. Une figure de Louis
XIV. d'une proportion très - gi-
gantefque auroit terminé tout
l'Ouvrage, dont l'idée étoit di-

---

fé, & de M. Colbert de Villacerf alors fur-
intendant des Bâtimens ? D'ailleurs, pourquoi
le Vau a-t-il laiffé jouir paifiblement pendant toute fa vie l'ufurpateur, de fa réputation
& de fon bien ? Pourquoi le fieur d'Orbay a-
t-il attendu la mort de le Vau & de Claude
Perrault pour dire qu'il avoit des papiers &
des titres fi décififs en faveur de fon maître ?
Pourquoi enfin ne les a-t-il jamais produits ?

Voilà beaucoup plus de preuves qu'il n'en falloit pour écrafer les ennemis de Perrault qui
ont toujours été des hommes médiocres & fans
génie, & pour terminer une difpute où leur
parti eft fi mal défendu. Je ne crains point que
la poftérité refufe à la mémoire de cet illuftre
François la gloire & l'immortalité dûe au plus
grand génie en Architecture qui ait jamais
exifté.

gne de son auteur. L'enceinte de
la place étoit portée jusqu'à l'al-
lignement du Pont-neuf, & fer-
mée par des grilles de fer ap-
puyées d'espace en espace sur de
gros massifs en forme de piedestaux quarrés qui auroient soute-
nus des groupes de figures. On
auroit menagé dans leur intérieur
un logement pour des Sentinel-
les aux principales entrées. Les
frises continues de grilles, &
les couronnemens des portes auroient été dorés, comme celles de Versailles & de l'Orangerie.

Je fis élever les trois faces de
ce Palais sur un plan quarré, &
j'en reservai toute la magnificence
pour le côté de son entrée. Je n'é-
pargnai aucune dépense pour ega-
ler la perfection de l'exécution à
celle du dessin. Les sieurs le-

Vau premier architecte du Roi,
& le fameux le Brun, ce génie
universel, toujours grand, toujours riche, & qui embraſſoit tous
les Arts, furent aſſociés à Perrault
pour la plus grande perfection
de tout l'ouvrage, & d'Orbay
habile Architecte fut chargé particulierement du ſoin de l'exécution. Je choiſis parmi nos Sculpteurs les plus excellens pour les
chapiteaux des colonnes Corin-
thiennes ; c'eſt le travail le plus
difficile en ce genre, & d'où dépend preſque toute la grace &
l'élégance de cet Ordre. C'eſt ſur
les deſſins du Sr. le Brun & ſous
ſes yeux qu'ils furent exécutés
dans cette perfection qui les fait
regarder par les connoiſſeurs François & étrangers comme des modéles de perfection en leur genre, ſoit par leurs belles proportions, ſoit par la légéreté de leurs

LE LOUVRE.

Arrêtez, chere Ombre ! ô mon pere arrêtez.... ! Ah ! qu'allez-vous voir ? couvrez-vous bien plutôt de vos voiles funébres pour dérober à vos regards les objets affreux qui vont les frapper.

L'Ombre entre dans là Cour du Louvre par le Veſtibule à colonnes.

L'OMBRE.

Dieux ! que vois-je ! ô ſpectacle d'horreur ....! douleur trop ſenſible ! Quoi ! tout l'intérieur de ce Palais imparfait, ſans couverture, abandonné aux outrages du tems comme la maſure la plus vile ! enfin dans le même état où je l'ai laiſſé il y a plus de 60 années.. ! Mais ....! quels ſont ces bâtimens neufs placés dans le centre du Palais du Souverain ? Quels citoyens célébres ont mérité pour récompenfe cette habitation nouvelle & auffi finguliérement diftinguée, qu'elle eft pour vous infamante ? Quel important fervice ont-ils rendu à la Patrie ? feroient-ils affez heureux pour avoir fauvé la vie à leur Roi dans quelque bataille, ou découvert quelque confpiration contre fa perfonne facrée ? Ont-ils relevé l'Etat prêt à périr par une révolution fubite ? ou leur génie & leurs talens feroient-ils affez prodigieux pour l'emporter fur tous ceux de leurs compatriotes dans les Sciences ou dans les Arts, & mériter la récompenfe d'une fi étonnante diftinction ?

LE LOUVRE.

Hélas !

L'OMBRE.

Parlez. Quelles raifons moins importantes auroient pû enhardir

dès Sujets , jufqu'à violer avec
une telle audace le refpect dû au
Palais du Souvérain , & profaner
avec autant d'indécence la dignité d'un lieu qui lui eft confacré ?
Vous qui préfidez à ce Palais augufte , expliquez-moi les raifons
qui peuvent autorifer un fpectacle auffi offenfant pour vous &
pour la nation , & hâtez-vous de
calmer l'indignation qu'il m'excite.

LE LOUVRE.

O ! citoyen auffi enflammé
pour la gloire de mon Roi & pour
l'honneur de fon Palais, que dans
les tems heureux de ma naiffance ! O mon Pere que votre cour-
roux feroit flatteur pour moi , fi
l'excès de ma douleur me permettoit quelque autre fentiment !
Apprenez tous mes malheurs , &
gémiffez avec moi de la rareté

des bons Citoyens. Vous allez
voir fi c'eft fans fujet que mes
cris perçans vous ont arraché à
la paix de l'Elifée. La précipita-
tion avec laquelle vous êtes en-
tré dans ce Palais , a dérobé à votre vûe les infâmies qui en affié-
gent les portes & l'enceinte. Le
premier édifice de la Capitale ,
& auquel étoient attachés tant
d'honneurs , fe voit aujourd'hui le
plus deshonoré & le plus outragé.
Environné de toutes parts de vils
bâtimens deftinés aux ufages les
plus abjets , combien ai-je fouffert
il y a quelques années de leur
conftruction ! cependant pour mo-
dérer ma douleur, je les regardois
comme hors de mes murs , & je
les voyois bâtir affez légérément ,
pour laiffer au public l'efpérance
d'une prochaine démolition de la
part de ceux même qui les éle-
voient ; & cette réfléxion m'en

avóit un peu confolé. Mais ceux
qui offenfent fi juftement vos regards , les regards de toute la nation , & fur-tout des Académiciens, à qui la libéralité de nos
Rois & leur eftime , ont accordé
l'honneur d'habiter leur propre
palais, & qui fe trouvent aujour-
d'hui moins flattés d'un tel bien-
fait par ces logemens plus dif-
tingués , & qui femblent les in-
fulter en leur dérobant la vûe même de ce Louvre , objet de
leur refpects & de leur reconnoiffance. Enfin ces bâtimens fcan-
daleux ont été fondés & conftruits
en gros blocs de pierre , & avec
la plus grande folidité, pour égaler leur outrage à ma durée. Paris
a pouffé des cris d'indignation , en
voyant boulverfer le terrein de la
cour de ce Palais augufte , comme
celui d'un champ abandonné pour
y jetter les fondemens de ces

édifices. Ses cris ont rédoublés à
la vûe de la folidité de leurs murs,
& le public, dont les vœux ten-
dent toujours à mon achevement,
n'a plus gardé de mefures, quand
il a vû rebâtir à neuf toutes les
mafures voifines pour autorifer
l'audace de celui qui a élevé ce
premier bâtiment, & ma cour fe
remplir de nouvelles indécences.
Par là j'ai perdu tout efpoir de
voir jamais ce beau Palais non-
feulement fini, mais encore vifité
par fon Roi, livré par ce dernier
excès d'avanie, au défefpoir de la
nation, & à la dérifion de l'é-
tranger.

L'OMBRE.

Je ne reviens point de mon
étonnement, j'ai peine encore à
croire ce que je vois, & ce que
vous me dites. Combien d'Ombres Françoifes defcendues de

puis quelques années dans le féjour que j'habite , m'ont fait l'é-
loge de Louis XV., & m'ont affuré non-feulement qu'il goûtoit
les Arts & les Sçavans, mais encore qu'il les protégoit , & les ré-
compenfoit ? Qu'il aimoit l'ordre
& la décence en fa Cour & dans
fes Palais ; qualité fi effentielle
aux Rois pour leur affurer le refpect ! Comment fe feroit-il laiffé
furprendre le confentement d'une
fingularité fi injurieufe à fa plus
belle Maifon ? N'eft-ce plus une
diftinction ni un honneur d'avoir
les entrées du Louvre ? ou fi cet
honneur fubfifte encore, comment
l'accorder avec un tel aviliffe-
ment ? Quelle idée peut-on avoir
de la Divinité à laquelle un Temple eft confacré , en voyant l'infulte & la profanation de ce Temple par ceux même qui font établis pour en foutenir la décence

& la dignité , & en augmenter la gloire ?

LE LOUVRE.

Hélas ! grand Miniſtre , ma douleur la plus amere eſt de penſer que mon Roi ignore mon état & mes affronts. Une ſeule de ſes viſites que je déſire avec tous les bons Citoyens depuis ſi long-tems , un ſeul de ſes regards , jetté ſur toutes les ignominies que je renferme , ou qui m'environnent , les feroit diſparoître à l'inſtant , & me rendroit ma dignité , ma joye , & combleroit en même tems les vœux de toute la nation. Combien d'expédiens on a offerts aux Miniſtres pour m'achever ſans qu'il en coûtât quoi que ce ſoit à S. M. ! Aujourd'hui même M. le Prévôt des Marchands en a propoſé l'achevement aux dépens de la Ville , ſi le Roi vouloit

loit permettre d'en tranſporter
l'Hôtel dans la partie qui regarde
la riviere. Mais les avis les plus
avantageux parviennent rarement
juſqu'aux oreilles du Souverain ,
par des raiſons que l'on ignore ,
ou s'ils y arrivent quelquefois ,
des intérêts particuliers empê-
chent alors leur effet par de faux
prétextes d'économie ou d'impoſ-
ſibilité. Il en eſt de même des Sujets qui ont le plus de droits à
leurs récompenſes , & qui s'en
voyent tous les jours fruſtrés par
des concurrens qui n'ont de mérite que l'habileté de l'intrigue ,
& celle de ſçavoir importune
leur Perſonne.

L'OMBRE.

Les bienfaits déplacés offen-
ſent tous ceux qui en ſont dignes ,
& ont ſouvent coûté des regrets
bien douloureux aux Souverains,

Q

Non-feulement les récompenfes injuftes découragent les talens, mais elles les exterminent. Elles pouffent au dépit, & jettent dans le défefpoir les Sujets les plus rares & les plus précieux à l'Etat, qui par-là lui deviennent inutiles. De légeres récompenfes au contraire, données au mérite & à propos, accompagnées de quelques paroles obligeantes, ont forcé aux plus rudes travaux, & à des actions merveilleufes, des génies voués à la molleffe & à l'inaction. Elles ont valu à Louis XIV. des hommes & des ouvrages qui feront éternellement honneur à fon régne. Souvent même un feul mot de bonté, un feul regard careffant de ce Prince lui a ramené des Sujets découragés & rebutés, qui ont enfuite facrifié avec joye tous les momens de leur vie à fon fervice. Plus heureux à cet égard

que bien d'autres Souverains , &
malheureux en ce qu'il a été quelquefois trompé par ceux qu'il
avoit le plus honorés de fa confiance & accablés de fes faveurs.
O que les Rois font à plaindre !
abandonnés des hommes vrais ,
feuls dignes d'être leurs amis , ils
ne voyent , ils n'entendent que
par l'organe de la complaifance ,
de la flatterie , de l'intérêt & de
la féduction. Les Sujets les moins
zélés pour leur bien & celui de
l'Etat, font fouvent ceux qui leur
font attachés par leurs emplois ,
& dont on ignoreroit jufqu'à l'exif-
tence fans leurs bienfaits. N'y au-
ra-t-il donc jamais auprès des Rois
que des hommes mercénaires qui
n'exiftent que pour la fortune , qui
ne connoiffent rien d'eftimable que
leurs richeffes ; & qui feroient ab-
battre les Edifices les plus honorables à la nation, fi le prix de

leur débris étoit accordé à leur brutale avarice ! (*) La haine que je porte aux lâches Citoyens ne me laisseroit point finir sans l'impatience que j'ai de voir votre Façade que j'ai laissée imparfaite , & dont aujourd'hui le superbe spectacle , qui ne doit rien laisser à désirer , va me combler de joye & de satisfaction. Je passe rapidement & les yeux voilés au travers de cette indigne rue , & de toutes ces horreurs.

(*) Il fut proposé sous le Ministere du C.D.F. d'abattre le Louvre pour vendre les matéreaux , par des hommes de l'espéce dont on vient de parler. Cette extravagante proposition fut écoutée , mise en délibération , & alloit passer tout d'une voix , lorsqu'un des membres de cette digne Assemblée , qui heureusement pour l'honneur de la Nation n'avoit ni frénésie ni fureur , demanda quel Francois seroit assez audacieux pour se charger d'une telle entreprise ? qu'il pouvoit espérer d'être déchiré par tous les Citoyens , au premier coup de marteau qu'il y feroit donner.

LE LOUVRE.

Grand Colbert, où allez-vous? arrêtez ici vos pas, je vous en conjure. Pourquoi chercher de nouveaux fujets de colere & de défefpoir ?

L'OMBRE.

Je ne vous écoute point, & j'y vole.

L'Ombre cherche la place qui devoit être en face du Périftile du Louvre, ou du moins un lieu propre à l'appercevoir.

Où fuis-je ! eft-ce une illufion ! mes yeux m'ont-ils égaré ! N'eft-ce pas ici que je dois trouver l'afpect de ce Louvre admirable ? de cette fuperbe Colonnade, dont la fublime majefté, la fimplicité fçavante, le choix heureux des plus belles proportions avoit coûté tant de travaux & d'efforts de génie aux plus fçavants Artiftes ?

Qui peut donc m'oppofer de toutes parts ces murs & ces indignes
barrieres ? Dieux ! ma nation fe-
roit-elle devenue barbare au point
de s'être dérobé à elle-même le
fpectacle de ce qu'elle a de plus
magnifique & de plus parfait ! O
jour fi cher, ne m'es-tu donc
rendu que pour offrir à ma vûe les
objets les plus défolans ! O mes
yeux, que n'êtes-vous encore
couverts des épaiffes ténébres du
tombeau ! quelles douleurs vous
m'auriez épargnées ! Puiffances du
Tenare que j'invoque, ouvrez
vos abîmes ; l'afpect des tortures
de vos malheureux me fera bien
plus fupportable que celui de ces
lieux. Je fuis exaucé, la terre s'ouvre ; puiffai-je emporter chez les
morts pour mon repos, l'oubli
éternel du deshonneur de ma nation.

L'Ombre s'abîme.

LE LOUVRE.

O chere Ombre ! ô mon pere !
mon unique appui ! ma feule con-
folation ! vous fuyez, vous m'a-
bandonnez pour toujours ! ô grand
Colbert ! ... Mais je l'appelle inutilement, il échappe à mes défirs ; je le perds, & fans efpérance
de le revoir jamais.

LA VILLE.

Minftre adorable ! vous n'avez
donc revû le jour que pour me
faire fentir plus amérement votre
abfence ! Combien le récit de vos
bontés & de vos travaux immenfes pour ma gloire, que vous venez de graver éternellement dans
mon fouvenir, va augmenter mes
douleurs ! O France ! ô Citoyens !
quel Miniftre fut jamais plus digne de vos regrets, de votre vénération & prefque de votre cul-

te ! Quels honneurs ne devriez-
vous pas rendre à fon illuftre mémoire ! Quoi ! votre folie erige de
toute part des Statues à toutes les
ridicules & chimériques Divinités
du Paganifme ; elles décorent en
foule vos Jardins, & meublent
vos Palais, & votre reconnoiffance n'en a pas élevé une feule à
l'honneur de l'incomparable Colbert ! du plus grand Miniftre, &
en même tems du meilleur Citoyen que la France aura jamais !
Quelle ingratitude ! O François,
que vous êtes encore barbares !

LE LOUVRE.

Hélas ! je fens en ce moment
que la vûe de l'ami le plus cher &
que l'on a le plus fouhaité, ne
fert qu'à rendre nos maux affreux,
& notre état plus horrible au
moment qu'il nous échappe. Me
voilà replongé plus profondément
dans

dans le défefpoir. Je n'ai plus de reffource qu'en vous , ô ma chere patrie ! ô ma mere ! qui me fouffrez encore dans votre fein tout deshonoré que je fuis ! Je n'ai que vous pour m'arracher de l'abîme des humiliations où je fuis enfeveli. Vous êtes mon feul appui , mon unique efpoir ; vous feule pouvez apporter quelque reméde à mes maux & au mépris dont je fuis accablé.

LA VILLE.

Palais refpectable ! qui deviez faire ma plus grande gloire , fi la fortune ennemie n'eût ravi trop-tôt à la France celui qui vous a élevé , ne vous abandonnez point au défefpoir. Je fens toute l'ignominie de votre état , & je n'en partage que trop la honte , pour demeurer tranquille, & ne pas employer tout mon crédit en votre faveur. Le cri univerfel de mes

P

habitans qui vient de s'élever pour
voir l'image de leur Roi placée à
votre entrée & en face de votre
Frontifpice, parviendra peut-être
jufqu'aux oreilles de S. M. & fera
capable de l'émouvoir. Elle a de la
bonté, & elle aime fes Sujets.
Quel plus beau monument & plus
cher à fon peuple, pourroit honorer votre façade, & m'honorer
moi-même! Je n'ai point même
encore perdu l'efpoir d'y voir
tranfporter mon Hôtel. Quelle
douleur j'aurois ajoutée à toutes
celles de cette Ombre généreufe! fi je lui avois dit que depuis
fon abfence, fa chere Ville de
Paris n'a pas encore une maifon
pour loger fes Magiftrats, avec
quelque décence, & dans un lieu
digne de la Capitale du Royaume. Auroit-elle pû croire que
dans ma vafte enceinte, où j'ai
l'ornement & l'avantage d'une

grande riviere , un nombre confi-
dérable de Ponts , de larges quais
capables de contenir un peuple
immenfe , pour le faire jouir des
fpectacles donnés pour lui , &
qui ne fçauroient être trop abon-
dans & trop fuperbes pour les
Etrangers , auroit-elle pû croire
que le corps refpectable de la premiere Ville du monde , habitât
encore dans une maifon gothique,
étroite , incommode , enfin dans
un lieu auffi ignoble & auffi indécent que celui de la Gréve , pour
en faire le Théâtre de fes Fêtes
publiques? Où pourroit être mieux
placé mon Hôtel que dans votre
Palais , pour donner à la Cour &
aux-Seigneurs le fpectacle des
feux fur la Riviere ou fur le Pont-
neuf en fuppofant le Roi ou la
Ville dans l'impuiffance d'en faire
conftruire un magnifique & bien
diftribué ailleurs , & fur-tout dans

P ij

la place qui doit vous fervir d'entrée ? Les efpérances que nous
donne aujourd'hui l'heureux événement de la Paix , doivent fuf-
pendre nos gémiffemens. Quelques raifons que nous ayons de
regretter l'étendue du génie & du
zéle du grand Colbert , pour la
gloire du Roi & de la nation ,
nous avons lieu de croire que les
heureux loifirs de cette Paix vont
exciter nos Miniftres à travailler
pour l'honneur de leur Patrie , &
le bonheur des Sujets. Malgré les
tems , nous avons vû les gens de
Lettres & les beaux Arts animés &
foutenus par des récompenfes.
Des Sçavans envoyés aux deux
extrémités de notre Globe pour
en déterminer la figure avec la
plus grande exactitude. L'honneur
du Jardin Royal des Plantes relevé, & égalé aux plus beaux de

l'Europe. (*) Des Bâtimens conftruits pour loger les végétaux
étrangers, à qui l'on n'avoit pû
jufques-là conferver la vie, & dont
aujourd'hui la vigueur leur a fait
oublier l'air natal, par l'art avec
lequel on a tranfporté dans leurs
nouvelles habitations le Soleil &
la température de leurs Climats.
On voit de plus dans ce Jardin un
Cabinet d'Hiftoire naturelle commencé depuis peu d'années, &
déja abondant en richeffes par les
foins & par l'habileté du fçavant
Académicien (**) qui en a la direction. De combien d'embelliffemens & de commodités mes ha-

---

(*) La Nation doit uniquement à l'intelligence de M. le Comte de Maurepas, à
l'étendue de fes connoiffances, & à fon
amour pour le bien de la Patrie, l'entier rétabliffement de ce Jardin, la conftruction de fes
Serres, & la formation du magnifique Cabinet de l'Hiftoire naturelle.
(**) M. de Buffon.

bitans ne font-ils pas redevables à
ce digne Magiftrat , qui a fi fort
honoré la Prévôté des Marchands,
(*) & à qui le grand Colbert
fembloit avoir tranfmis fon zéle &
fon goût pour l'honneur de la Patrie ! Son nom fera toujours cher
aux bons citoyens , & fes travaux
l'objet de leur reconnoiffance.

N'avons-nous pas encore de
grands fujets d'efpérance dans le
deffein qu'à formé la Ville & qui
a été approuvé par le Roi, de
faire conftruire une place magnifique pour élever fa Satue ? Je ne
fçaurois croire que S. M. fe borne
à cette feule idée de décoration
pour fa Capitale , & qu'elle ne
jette pas quelques regards d'attention & d'amour propre fur vos
beautés dont la perfection feroit
infiniment plus d'honneur à fa

(*) M. Turgot.

mémoire & à celle de fon regne,
que fa conftruction abandonnée
n'en a fait à celui de Louis XIV.
Que de Médailles ! que d'Infcrip-
tions ! que d'Ecrits en vers & en
profe & dans toutes les langues
pour célébrer le plus beau jour de
fon Hiftoire, & le plus honorable à la nation, & pour confacrer à la poftérité le fouvenir du
Monarque généreux à qui elle en
feroit redevable ! Quelle joye pour
moi & pour tous les François de
pouvoir admirer mon plus beau
monument, témoignage éternel
de notre fupériorité dans l'Architecture fur toutes les Nations de
l'Univers ! Peut-être que mes autres Edifices dignes d'être vûs &
qui gémiffent de leur emprifon-
nement, tel que le Portail Saint
Gervais, & beaucoup d'autres,
pourroïent efpérer en même tems
leur liberté, & voir tomber ce

qui nous les dérobe. Seroit - ce
encore trop me flatter, que d'efpérer de la tendreſſe du Roi pour
ſon peuple un peu d'attention
pour ſa ſanté, en faiſant ren-
verſer toutes les maiſons ſur mes
Ponts & le long de mes Remparts, qui privent mes habitans
d'une promenade qui leur étoit
autrefois ſi utile & ſi agréable,
aujourd'hui ſi négligée & changée
en une rue preſque continuelle !
Elles nuiſent à la vie de ſes Sujets
qui lui ſont chers, comme je l'ai
déja dit, & cette ſeule raiſon lui
ſuffira pour n'avoir point d'égard
à toutes les autres.

Voilà les ſujets de conſolation
que je vous laiſſe en vous quittant.
Eſpérez d'avoir bien-tôt un ſort digne de vous, digne de la grandeur du Monarque des François,
& de celle de la Capitale de ſon
Royaume.

F I N.

SUR LE LOUVRE.

Par M. de Voltaire.

Monumens imparfaits de ce siécle
    vanté,
Qui sur tous les beaux Arts a fondé sa
    mémoire,
Vous verrai-je toujours en attestant sa
    gloire,
Faire un juste reproche à sa posté-
    rité ?

Faut-il que l'on s'indigne alors
    qu'on vous admire !
Que les Nations qui veulent nous
    braver,
Meres de nos défauts, soient en droit
    de nous dire,
Que nous commençons tout pour ne rien
    achever.

Mais ô ! nouvel affront ! quelle coupable audace (1)

Vient encore avilir ce chef-d'œuvre
divin ?

Quel sujet entreprend d'occuper une
place (2)

Faite pour admirer les traits du Souverain ?

Louvre, Palais pompeux , dont la
France s'honore !

Sois digne de Louis ton maître & ton
appui :

Sots de l'état honteux où l'univers t'ab-
horre ,

Et dans tout ton éclat montre toi comme lui (3)

_____

(1) On élevoit alors dans le milieu de la
cœur du Louvre le Bâtiment que l'on y voit
aujourd'hui

(2) On avoit projetté dans le plan du
Louvre de placer au milieu de la cour une statue du Roi.

(3) Louis XV. revenoit alors à Paris vic-
torieux , triomphant & pacifique.

RÉFLEXIONS

SUR

QUELQUES CAUSES

DE L'ÉTAT PRÉSENT

DE LA PEINTURE

EN FRANCE,

ET

SUR LES BEAUX ARTS.

M. DCC. LII.

RÉFLEXIONS,

SUR

QUELQUES CAUSES,
de l'état préſent de la
Peinture en France.

'Empire de la Peinture ſur
tous les hommes n'éton-
nera point, quand on pen-
ſera que nous naiſſons preſque
tous imitateurs, ou avec le penchant à l'imitation. C'eſt ſur ce
goût naturel qu'eſt fondé tout le
pouvoir & l'enchantement de ce
bel Art. Son empire s'étend ſur
tous les âges & toutes les nations.

De quelle admiration ne furent
pas frappés les peuples du nouveau monde , qui ignoroient les
preftiges du pinceau , lorfqu'ils virent nos tableaux & nos portraits
pour la premiere fois ! Rien de
tout ce qu'ils poffédoient, ne leur
parut précieux ou utile pour les
obtenir en échange. Je ne parle
point des nations policées , elles
nous font trop connues pour douter de leur amour pour cette
agréable illufion. A l'égard des
états , en eft-il quelqu'un qui ne
foit foumis à fa domination ? N'a-
vons-nous pas vû plufieurs fois
dans nos maifons des perfonnes du
rang le plus abjet , de groffiers &
ftupides campagnards refter muets
& immobiles pendant un long
tems devant des tableaux, où l'i-
mitation du vrai étoit affez forte
pour étonner leur raifon & fufpen-
dre entierement toutes les facultés

de leur ame? On peut dire en faveur de la Peinture, la même chose des âges que des états. Combien d'enfans à peine hors du maillot ont treffailli, & marqué leur joye à la vûe des Portraits de leurs peres & meres ! Leurs geftes, leurs mouvemens exprimoient des fenfations que leur langue ne pouvoit pas même encore bégayer. N'en a-t-on pas vû fouvent à l'afpect des tableaux de fruits, demander avec des cris opiniâtres d'en approcher, porter avidement fur eux leurs petites mains, & pleurer enfuite de dépit d'avoir été trompés.

Mais fi de tels faits font honneur à la Peinture, ce n'eft qu'à la Peinture excellente & à la parfaite imitation. Autant fa perfection nous ravit & nous enchante, autant fa médiocrité nous glace & nous rebute.

Quelles font donc les routes qui conduifent à ce degré de fupériorité dans cet Art ? Quels obftacles retardent aujourd'hui nos efforts pour y arriver ? L'on va hazarder quelques réflexions à ce fujet. On eft bien éloigné de les donner comme des décifions, rien n'étant plus injufte & en même tems plus inutile que de vouloir afervir le fentiment d'autrui au fien propre. La nature donne à tous les hommes, dès leur naiffance, des lumieres différentes & une façon particuliere de voir les objets & d'en juger. Avare des vûes grandes, étendues & juftes, elle prodigue les talens bornés & médiocres. Mais pourquoi cette mere féconde & libérale de tout ce qui peut fervir à nos plaifirs, a-t-elle mis fi peu d'égalité dans la diftribution de fes biens ? fi ce n'eft pour nous lier

ensemble

enfemble le plus étroitement , &
engager pour le bonheur & l'avantage de la fociété, ceux qu'elle a
enrichi de fes bienfaits, à répan-
dre leurs richeffes fur les indigens
qu'elle femble avoir oublié , &
nous donner lieu par-là d'exercer
la plus noble fonction de la condition humaine , qui eft la bien-
veillance & la générofité.

Voilà donc la néceffité indifpenfable de la communication de
nos biens établie par la nature.
Voilà l'obligation réciproque des
avis & des confeils les uns envers
les autres fur les fujets où l'on fe
croit plus éclairé, & capable de
porter un jugement plus jufte par
des lumieres naturelles ou acqui-
fes. Cette obligation renferme celle d'une critique fage, mefurée ,
exactement affujettie aux loix de
la politeffe & de la bienféance ,
qui ne bleffe point l'amour propre

Q

de ceux à qui elle est adressée :: d'une critique sans humeur, sans passion, sans intérêt personnel, & qui n'ait d'autre vûe que celle de la correction des défauts & d'une plus grande perfection.

Ce sont des motifs si avantageux au public, & si dignes de l'attention des Magistrats, qui ont déterminé depuis quelques années ceux qui préfident aux Beaux Arts dans cette ville, d'exposer une fois l'an au grand jour & à la liberté de la censure publique, les ouvrages des Académiciens. C'étoit pour eux le moyen le plus fûr de faire des progrès rapides dans leur art par la vue de leurs fautes, & de l'impression de leurs productions fur le public connoiffeur ou ignorant, puifque le grand beau & le vrai exprimé à un degré fupérieur & à un certain point de perfec-

tion , doit frapper d'admiration &
affecter fortement & indiftincte-
ment tous les hommes.

Un écrit imprimé & un tableau
expofé appartiennent au public ; &
quoique ce dernier ne puiffe pas
fe multiplier comme un écrit par
l'impreffion, chaque particulier a
le droit d'en porter fon jugement.
Heureux l'Artifte qui réunit les
fuffrages de la multitude ! Plus
heureux encore celui qui trouve
des critiques affez courageux &
& affez amis de fon avancement,
pour l'éclairer fur fes défauts,
malgré l'approbation du plus
grand nombre & les exclama-
tions des flateurs. Eux feuls pourront lever chez lui le bandeau de
l'amour propre, fi funefte à quiconque court à la gloire. Mais
qu'il n'efpére pas trouver un fi
grand bien dans les bras de l'indolence, & de l'admiration de fes

œuvres ; ce n'eſt point aſſez de
déſirer ces généreux critiques
pour les trouver ; il faut les déterrer quelque peine qu'il en coûte, ſçavoir écouter leurs avis, dé-
pouiller toute prévention en leur
préſence, les encourager à la ſé-
vérité, & à ne nous faire aucune
grace ; enfin avoir le courage de
s'en faire des amis & de ſe les attacher. Eux ſeuls le tireront de l'é-
tat honteux de la médiocrité pour
le faire paſſer du bon à l'excellent,
ſeul terme de l'homme de génie.
S'il n'arrive pas toujours à cette perfection ſi rare, il jouira
du moins d'une certaine ſupériorité extrémement flateuſe vis-
à-vis d'habiles concurrens. Je dis
d'habiles, car quelle miſérable
gloire que celle que l'on remporte
ſur des rivaux ignorans ou médiocres ! J'avoue que ces vrais connoiſſeurs, ces Ariſtarques éclairés

& fans adulation font rares ; mais
ils le feroient. beaucoup moins
fans la préfomption de la plûpart
des hommes à talens , qui eftiment leur goût exquis & infaillible , & ne voyent point chez les
autres de lumiere fupérieure à celle qui les aveugle.

C'eft principalement dans la
partie du fentiment donné à fi peu
de perfonnes , & que cependant
tout le monde croit pofféder , que
réfide le fondement des connoiffances juftes & certaines , parce
que c'eft le fentiment feul qui
faifit ce qui affecte , & ce qui
intéreffe. J'appelle de ce nom
cette lumiere naturelle qui fait
voir au premier coup d'œil la
diffonance ou l'harmonie d'un ouvrage : C'eft elle qui eft la bafe
du goût , j'entends de ce goût
ferme & invariable du vrai beau ,
qui ne s'acquiert point s'il n'eft

le don d'une heureuse naiſſance.
Mais ce ſentiment naturel doit
être étayé & affermi par l'étude
des principes ſans leſquels nous
ne jugerons jamais des objets que
d'une maniere confuſe : ſatisfaits
des impreſſions générales & mo-
mentanées , nous ignorerons la
ſcience des détails & l'examen des
parties ; examen abſolument néceſſaire pour pouvoir porter un jugement ſûr , & évaluer le total
par la valeur de chaque partie.

Rien n'eſt donc plus certain
qu'un Artiſte n'aura point un
grand nom ſans le ſecours des
conſeils & de la critique. Celle
de ſes confréres ne ſera pas toujours la plus ſûre. La plûpart jugeront des beautés & des défauts
de ſes ouvrages rélativement à
leur propre intérêt , à celui de leur
réputation , ou de leurs paſſions.
Ils en jugeront encore par une

attention fervile aux régles de
leur art , toujours froides & fté-
riles , fans eftime & fans égard
pour ces hardieffes heureufes , enfantées par le génie,& fauvées par
le talent de les placer à propos &
en maître. Leur jugement pourra encore manquer de juftefle par
une routine de comparaifon à leur
propre manière fouvent médiocre
& uniforme. C'eft avec bien plus
de fûreté qu'il leur préférera les
fentimens d'un fpectateur défin-
téreffé , qui fans manier le pinceau, jugera par un goût naturel,&
éclairé par des principes. Le Peintre ne fçauroit donc prendre trop
fouvent fes avis fur l'accord & la
convenance des tons , fur le beau
choix des Epifodes, fur leurs effets
particuliers & généraux , & fur
l'harmonie d'un bel enfemble qui
fait le charme de tous les yeux.

Plufieurs Peintres manquent

d'arriver à cette célébrité que tous doivent défirer , par le mauvais choix de leurs Sujets. C'eft l'écueil ordinaire des Peintres médiocrement verfés dans l'Hiftoire , ou de ceux qui préfumant de leurs forces , & ignorant les bornes de leurs talens , veulent briller dans tous les genres , fouvent par une vanité exceffive , quelquefois auffi par une baffe envie des fuccès de leurs confréres dans d'autres genres que le leur. Cette jaloufie fi méprifable à l'homme de génie , cette fille odieufe de l'orgueil , combien a-t-elle féduit de bons Ecrivains qui ont voulu traiter toutes fortes de matieres , & paffer pour des génies univerfels? Un efprit (*) du premier ordre du fiécle dernier , & dont celui-ci a encore le bonheur de jouir, célé-

---

(*) M. de Fontenelle.

bré dans tous les genres, a fait beaucoup de mauvais imitateurs, qui auroient peut-être été eux-mêmes des modéles, s'ils avoient fçu fe fixer dans la fphère de leur capacité.

Quoique le nombre des Sujets dont dépend le plus fouvent la fortune des Tableaux, foit prefque infini parmi ceux que nous offrent l'Hiftoire facrée, la profane & la Fable, nous voyons cependant prefque tous nos Auteurs plagiaires nés, s'attacher à des Sujets traités mille & mille fois. Ignorent-ils l'empire de la nouveauté fur notre efprit, & qu'elle y ufurpe tous les jours les droits du mérite? Il n'eft donné qu'aux génies vaftes, & pénétrans de découvrir dans des Sujets épui-fés aux yeux des efprits vulgaires, une infinité de circonftances neu-ves, intéreffantes, qui liées à

R

l'action principale, & préfentées
fous des afpects nouveaux & ingénieux, fçavent rajeunir des Sujets ufés en apparence, par le
choix d'un plus beau moment, &
d'un nouvel intérêt.

Un Auteur, en Peinture comme en poëfie, doit mefurer fon
projet à fes forces, pour éviter
l'erreur de certains Peintres, qui
fe flatent de déguifer par la
nouveauté des Epifodes, des Sujets tombés de vieilleffe ; Ne pouvant imaginer des beautés neuves
dans leurs compofitions, où ils
défirent cependant foûtenir une
certaine réputation d'efprit méritée & dont ils fe piquent : trop
fenfés d'ailleurs pour ajouter des
Epifodes de leur invention, fur-
tout dans des Sujets facrés & d'un
Hiftorique inviolable, ils affoi-
bliffent & déguifent l'action principale en y fubftituant des attitudes

violentes & exagérées : ils jettent
sur les visages, & particulierement dans les regards une expreffion outrée qui devient une grima-
ce auffi indécente dans le Sacré,
que comique dans le Profane.

De tous les genres de la Peinture le plus grand, le plus noble,
enfin le premier fans difficulté,
c'eft celui de l'Hiftoire. Le Peintre
Hiftorien eft feul le Peintre de l'a-
me, les autres ne peignent que
pour les yeux. Lui feul doit fentir
& exprimer cet enthoufiafme, ce
feu divin qui lui fait concevoir fes
Sujets d'une maniere forte & fublime : lui feul peut former des
Héros à la poftérité, par les grandes actions & les vertus des hommes célébres qu'il préfente à leurs
yeux, non dans une froide lec-
ture, mais par la vûe même des
faits & des acteurs. Qui ne connoît l'avantage de ce fens fur tous

les autres , & l'empire qu'il a fur
notre ame pour la pénétrer de
l'impreſſion la plus foudaine & la
plus profonde ?

Mais où trouveront nos jeunes
éleves la chaleur & le feu de ces
éloquentes expreſſions , la ſource
de ces grandes idées , de ces traits
frappans ou intéreſſans , qui caractériſent le vrai Peintre d'Hiſtoire ?
Ce fera dans les mêmes fonds où
nos meilleurs Poëtes ont toujours
puiſé. Chez les grands écrivains de
l'antiquité : dans l'Iliade & l'O-
diſſée d'Homére ſi fécond en ima-
ges ſublimes : dans l'Eneïde ſi riche en faits héroïques , en pathé-
tiques narrations & en grands
ſentimens : dans l'art Poëtique
d'Horace , thréſor inépuiſable de
bon ſens pour la conduite d'un
plan de Tableau épique ou tragi-
que : dans celui de Deſpreaux
fon imitateur : chez le Taſſe, chez

Milton. Voilà les hommes qui
ont ouvert le cœur humain; qui
ont porté leurs regards dans ce
qu'il a de plus intérieur & de
plus difficile à appercevoir , &
nous ont rendu ses troubles , ses
fureurs , ses agitations avec une
éloquence & une vérité qui nous
inftruifent , en nous comblant de
plaifir.

Le Peintre Hiftorien eft-il religieux ? Veut-il confacrer fon pinceau aux Sujets de piété ? Quelle
fource plus abondante de grands
événemens, du feul merveilleux
vrai & refpectable , & du pathétique majeftueux , que dans nos
Livres facrés , & fur-tout dans les
cinq grands Prophétes , Ifaïe ,
Ezechiel , Jérémie , Daniel , &
le Prophéte Roi? N'eft-ce pas ce
dernier qui a infpiré le célébre
Rouffeau, ce poëte fi fublime & fi
harmonieux , dont la force & la

R iij

beauté du génie ont fait tant
d'honneur à son siécle & à la Poësie françoise ! N'est-ce pas à la hauteur des idées de David qu'il doit
les beautés incomparables de ses
Odes sacrées ?

Tout le monde sçait le rapport
parfait du Peintre avec le poëte.
Il sera sans chaleur & sans vie, &
son génie sera bien-tôt refroidi,
s'il ne l'échauffe par un commerce
fréquent & opiniâtre avec ces
grands hommes dont je viens de
parler. Quand je conseille cette
étude à nos Peintres d'Histoire, je
suppose qu'elle a été précédée &
& étayée de celle de nos Peintres
anciens & modernes les plus célébres dans ce genre. Raphaël,
Dominiquin, les Carraches, Ju-
le Romain, Pietre de Cortone, &c.
& parmi nous, Rubens, le Poussin, le Sueur, le Brun, le Moine
dans son plat-fond de Versailles,

chef-d'œuvre de l'art, & compatable à tout ce qui a été fait de plus parfait en ce genre, soit en France, soit en Italie : enfin de tous les excellens ouvrages dont il doit avoir médité profondement l'œconomie, l'ordonnance, les effets de leurs sçavantes compositions, & copiés les morceaux les plus estimés pour le dessin & pour le coloris. Sans une collection abondante de ces excellens matéreaux, il ne parviendra jamais à construire l'édifice d'une réputation de plusieurs siécles.

Après avoir donné aux Peintres Historiens le rang & les éloges qu'ils méritent, que ne puis-je les prodiguer à ceux d'aujour-d'hui, & les élever, ou du moins les comparer à ceux du siécle passé ! Siècle heureux ! où le progrès & la perfection dans tous les Arts avoient rendu la France rivale

R iv

de l'Italie ! Je fuis cependant bien
éloigné de penfer que le génie
François foit éteint, & fa vigueur
entierement énervée. Les Peintres célébrés de notre Ecole que
je viens de nommer, & qui ont
égalé le fiécle de Louis XIV. à
celui de Leon X. dans les beaux
Arts, & même furpaffé par leur
nombre, trouveroient encore aujourd'hui des émules, fi le goût
de la nation n'avoit beaucoup
changé, & fi aux révolutions
qu'amenent néceffairement dans
les Etats comme dans les efprits
la fucceffion des années, & l'empire de la nouveauté, il ne s'y
étoit joint un goût exceffif pour
un embelliffement dont le fuccès
a été extrêmement nuifible à la
Peinture.

Les Glaces, dont nous regar-
derions le récit des effets comme
un conte de Fée, & une mer-

veille imaginaire, fi la réalité ne
nous en étoit trop connue, ces
Glaces qui forment des tableaux
où l'imitation égale fi parfaitement les fujets imités : ces Glaces
affez rares dans le fiécle paffé, &
extrêmement abondantes dans
celui-ci, ont porté un coup funefte à ce bel Art, & ont été une
des principales caufes de fon déclin en France, en banniffant les
grands fujets d'Hiftoire qui faifoient fon triomphe, des lieux
dont ils étoient en poffeffion, &
en s'emparant de la décoration des
Sallons & des Galleries. J'avoue
que les avantages de ces Glaces
qui tiennent du prodige, méritoient, à beaucoup d'égards, la
faveur qu'elles ont obtenue de la
mode. Percer les murs pour aggrandir les appartemens, & y en
joindre de nouveaux ; rendre avec
ufure les raïons de la lumiere

qu'elles reçoivent, foit celle du jour, ou celle des flambeaux ; comment l'homme ennemi né des ténébres, & de tout ce qui peut en occafionner l'horreur, auroit-il pu fe défendre d'aimer un embelliffement qui l'égaïe en l'éclairant, & qui en trompant fes yeux, ne le trompe point dans l'agrément réel qu'il en reçoit ? Comment lui préférera-t-il les beautés idéales de la Peinture fouvent fombres, dont le plaifir dépend uniquement de l'illufion à laquelle il faut fe prêter, & qui n'affecte fouvent ni l'homme groffier ni l'ignorant ?

Le fuccès rapide d'une découverte fi favorable au plaifir général, & au goût particulier d'une nation avide de tout ce qui eft brillant & nouveau, ne doit point nous furprendre malgré fes agrémens purement matériels, & bornés entiérement aux plaifir des yeux. L'intérêt a tout mis en œuvre pour en perfectionner les manufactures, & pour les multiplier à l'infini. Mais comme il étoit impossible d'en revêtir totalement les murs des grands appartemens, soit à cause des frais considérables, soit par le dégoût qu'auroit causé l'uniformité, on a imaginé d'en remplir les intervalles par des vernis de couleurs couchés sur des panneaux enrichis de dorure, & même sans dorure ; l'éclat & le poli de ces vernis agréables, étant après les Glaces ce qui réfléchit le plus la lumiere.

La science du Pinceau a donc été forcée de céder à l'éclat des Glaces, & des Vernis. La facilité méchanique de leur perfection & leur abondance ont exilé des appartemens le plus beau des Arts, à qui l'on n'a laissé pour azile que quelques misérables plâ-

ces à remplir , des deſſus de
portes , des couronnemens de
cheminées & ceux de quelques
trumeaux de Glace raccourcis par
œconomie. Là , reſſerrée par le
défaut d'eſpace à de petits ſujets
hors de la portée de l'œil , la
Peinture eſt réduite dans ces grandes pièces à des repréſentations
froides , inſipides & nullement in-
téreſſantes : les quatres Elemens,
les Saiſons , les Sens , les Arts ,
les Muſes , & autres lieux com-
muns , triomphes du Peintre plagiaire & ſtupide , qui n'exigent ni
génie , ni invention , & pitoya-
blement tournés & retournés depuis plus de vingt ans en cent
mille manieres.

Je devrois paſſer ſous ſilence
pour l'honneur de ce bel Art, les
lieux ignobles où la Peinture s'eſt
refugiée depuis ſon exil des appartemens. Nos peres auroient-ils pu

prévoir qu'un jour des Curieux viendroient admirer les beautés d'un fçavant pinceau dans les vils réduits des angars & des remiſes! Rien n'eſt plus vrai cependant qu'avant que les Camaïeux euſſent pris le deſſus pour l'embelliſſement des Carroſſes , on y a vû, & l'on y voit encore des Tableaux coloriés d'un prix & d'une perfection ſupérieure , ou du moins égale à ceux qui ornoient les appartemens des maîtres de ces maiſons. Ces beaux Tableaux ne ſortoient de ces lieux ignobles que pour être trainés dans les rues , y eſſuyer les outrages de la bouë , & être expoſés tous les jours au choc des tombereaux , des charrettes, à l'allure impétueuſe d'autres Carroſſes , enfin aux embarras infinis des voies publiques inévitables dans une auſſi grande ville. Que doivent le plus admirer les Etrangers? ou le

mépris & l'abus ridicule chez nous
de ce bel Art, ou l'excès & la bizarrerie de notre luxe porté à un si
haut degré d'extravagance ?

Il restoit encore aux Sujets de
Fable ou d'Histoire un champ
vaste & favorable au génie du
grand Peintre dans la science des
percés, & des raccourcis, & où
tout l'art magique de la Perspective pouvoit être mis en œuvre,
& c'étoient les Plat-fonds. Mais le
Public accoutumé à l'éclat des
Glaces que malheureusement on
n'a pu encore y placer, & que je
ne désespére pas d'y voir briller
quelque jour, a préféré aux beautés du ressort de l'esprit, & qui
demandoient de la réflexion & des
connoissances, la blancheur ma-
térielle du Plâtre découpé en fili-
grane dans la naissance des vous-
sures, dans les angles, & dans les
points du milieu par des ornemens

de la même matiere , souvent dorés , quelquefois peints , la plûpart grotesques imperceptibles ,
que Voltaire a critiqués avec raison dans son Temple du Goût.

Je couvrirai Plat-fonds, Voutes,
    Voussures
Par cent magots travaillés avec
    soin ,
D'un pouce ou deux pour être vûs
    de loin.

Et dans un autre endroit,

,....... Le tout glacé , verni ;
    blanchi , doré;
Et des Badauds à coup sûr ad-
    miré.

J'ajoute à ces raisons du déclin
present de la Peinture , sur-tout
dans le genre de l'Histoire , celle
d'un goût devenu presque général

parmi nous, & c'eſt depuis pluſieurs années celui du Portrait.

Un Peintre heureuſement né pour l'Hiſtoire par l'élévation de ſes penſées, l'étendue de ſon eſprit & la vivacité de ſes conceptions; dans les mains duquel un beau génie aura mis ſes pinceaux, ſe voit aujourd'hui forcé d'abandonner ſon talent, & ſe livrer, ainſi que nos écrivains, aux ſujets futiles de la mode & du tems. Il ſe verra réduit par la néceſſité, à quelques ouvrages pour les Egliſes, pour les Gobelins, ou à un très-petit nombre de Tableaux de chevalet que l'on a preſque entiérement proſcrits des ameublemens, parce qu'ils marquent, dit-on, les tapiſſeries de ſoïe, dont on préfére à préſent le luſtre & l'uniformité aux ſçavantes variétés du Pinceau, & à toutes les productions de l'eſprit les plus ingénieuſes

nieufes & les plus amufantes.
Quelle fera la reffource du Peintre Hiftorien, s'il n'eft pas en état
de nourrir fa famille de mets plus
folides que ceux de la gloire ? Il
facrifiera à fes befoins fon goût
favori & des talens très-rares pour
ne pas voir languir fa fortune malgré fa fcience & fes travaux, vis-à-
vis de la rapide opulence de fes
confreres Peintres en Portraits, &
fur-tout au Paftel. Il étouffera la
voix de fon génie, & détournera
fon pinceau de la route de la
gloire, pour fuivre celle qui mene
aux aifances de fon état. Il fouf-
frira à la vérité pendant quelque
tems de fe voir forcé de flater un
vifage minaudier, fouvent difforme
ou furanné, prefque toujours fans
phifionomie ; de multiplier des
êtres obfcurs, fans caractere, fans
nom, fans place & fans mérite ;
fouvent méprifés, quelquefois

S

même odieux, ou tout au moins indifférens au Public, à leur postérité, à leurs héritiers même qui abandonneront leurs traits à la poussiere du galetas ; ou qu'ils verront passer froidement d'un encan à la décoration des chambres garnies, pour en illustrer les Bergames.

Ne nous étonnons donc point que le Portrait soit le genre de Peinture aujourd'hui le plus abondant, le plus cultivé & le plus avantageux aux pinceaux même les plus médiocres. Son crédit est très-ancien, & il est fondé sur plusieurs bonnes raisons.

Quoique le goût général d'à présent pour les beautés d'une tapisserie de Damas, relevée par des bordures richement dorées & agréablement sculptées, ait banni des appartemens, comme un ornement ennuyeux & superflu, les tableaux d'Hiſtoire, ceux en Portraits ont ſçu les remplacer, & obtenir une exception de la mode, & de ſes caprices en leur faveur.

L'amour propre, dont l'empire eſt encore plus puiſſant que celui de la mode, a eu l'art de préſenter aux yeux & ſur-tout à ceux des Dames, des miroits d'elles-mêmes d'autant plus enchanteurs qu'ils ſont moins vrais, & que par-là, ils ont chez le plus grand nombre la préférence ſur les Glaces trop ſincéres. Et en effet, quel ſpectacle eſt comparable, pour une beauté réelle ou imaginaire, à celui de ſe voir éternellement avec les graces & la coupe d'Hebé la Déeſſe de la jeuneſſe ? d'étaler tous les jours ſous l'habit de Flore les charmes naiſſans du Printems dont elle eſt l'image ? ou bien parée des attributs de la Déeſſe des forêts, un carquois ſur

le dos , les cheveux agités avec
grace , un trait à la main , comment ne se pas croire la rivale de
ce Dieu charmant qui blesse tous
les cœurs ? L'exemple des vraiment belles à qui les attitudes
avantageuses de ces Métamorpho-
ses ont encore ajouté une nouvelle beauté , a séduit les moins aimables. Elles se font imaginées
jouir des mêmes graces dès qu'elles auroient les mêmes ajustemens. Elles n'ont pas douté que
la jeunesse d'Hebé les vengeroit
des insultes du Tems le moins galant & le plus impoli de tous les
Dieux, persuadées que notre Sexe
toujours complaisant , forcé de
voir en elles deux phisionomies ,
préféreroit celle de la Déesse en-
fantine , à la Divinité douairiere ,
ou du moins qu'il leur tiendroit
compte de leurs efforts , & du
tems qu'elles perdent tous les

jours à tâcher de lui reſſembler. Après tout, eſt-il une erreur plus pardonnable au beau Sexe ? Si la vieilleſſe eſt l'enfer des jolies femmes, au ſentiment d'un des plus beaux eſprits de la Cour de Louis XIV. (*) pourquoi les Arts, & ſur-tout la Peinture, ne s'efforcera-t-elle pas de leur cacher le déclin d'un état qui fait tout leur bonheur, & de leur éloigner, ou même leur dérober entièrement, ſi la choſe eſt poſſible, la vûe de ce qui fait leur plus grand ſupplice ?

Voici de quelle façon le goût de ces traveſtiſſemens s'allume chés la plûpart. Leur prompt ſuccès auprès des jolies femmes frappe vivement celles qui le ſont peu. Elles s'informent avec avidité du nom de l'auteur

_____

(*) M. le Duc de la Rochefoucault.

de la Méthamorphofe. On vole
chés lui. Il a peu de peine à perfuader des miracles dont on eft
plus convaincu que lui-même. Il
préfente la lifte de la Cour cé-
lefte. On choifit la divinité, on
l'ébauche, on la finit. Enfin elle
fait fon entrée dans le temple où
elle doit être adorée ; à peine arrivée, tout applaudit, tout crie,
c'eft vous - même, rien n'y manque que la parole. C'eft beaucoup.
Cette parole lui feroit fouvent néceffaire pour dire, je fuis une telle. Enfin l'extafe & le raviffement
finiffent par celui du Peintre qui
s'en retourne célébré, admiré,
& bien payé.

Au refte, je n'ai point à crain-
dre que nos Peintres en Portraits
prennent en mauvaife part quelques réflexions un peu égayées à
leur fujet, & qu'elles réfroidif-
fent la paffion du Public pour ce

genre de Peinture fi fort à la mode. Tant qu'ils auront l'art de
flatter leurs originaux, avec affez
d'addreffe pour les perfuader qu'ils
ne les flattent point, l'amour propre chés les deux fexes eft un ga-
rant affûré d'un fuccès conftant
& d'une fortune au-deffus de la
médiocre.

A ces caufes principales du déclin de la Peinture parmi nous,
plufieurs autres fe joignent dont
l'influence n'a gueres moins de
force. Tel eft aujourd'hui le goût
violent & effrené chez les amateurs des Tableaux & les poffeffeurs de ces Cabinets qui font l'ornement de Paris, & les délices
des connoiffeurs, pour les Peintres
Flamans. La prévention en leur
faveur eft portée à un point d'enthoufiafme, qu'ils n'ont prefque
plus de prix dans les ventes. Voilà donc tous les ouvrages des

grands maîtres d'Italie & de France , autrefois ſi précieux & ſi recherchés, preſqu'entierement ban-
nis de chez nos curieux. Ces Tableaux dont les ſujets choiſis pour
être le théâtre & l'expreſſion des
grandes paſſions de l'ame , pour la
remuer , pour inſpirer , inſtruire &
échauffer nos froids & ſtériles éleves , & pour porter les ſpectateurs à l'imitation des actions ver-
tueuſes & héroïques miſes ſous
leurs yeux avec toute la ſcience
& le charme de ce bel art ; & l'é-
levation d'un grand génie ; ces
Tableaux , dis-je , ſont vûs avec
indifférence , & ſans nul attention à l'hiſtorique de leurs ſujets, ni
aux beautés majeſtueuſes de leurs
ſçavantes compoſitions. Ils ont la
confuſion de ſe voir exilés , & remplacés par les ouvrages les plus
bas & les plus groſſiers , où l'on
ne trouve nulle penſée , nulle dignité ,

gnité, nul choix. Une écurie, une taverne, des fumeurs & des buveurs abbrutis, une cuiſiniere accompagnée de tous les meubles ignobles de ſon laboratoire, un uſurier décrépit, un médecin d'urine, un arracheur de dents, &c. voilà les ſujets qui enchantent aujourd'hui nos curieux, qui excitent la jalouſie entr'eux, & font pouſſer leur prix juſqu'à la déraiſon. Diſons cependant un mot en faveur des Flamands. La ſuavité, la fraicheur & la naiveté de leur pinceau eſt très-ſéduiſante, auſſi bien que les effets magiques d'une lumiere de nuit directe ou réfléchie: leurs étoffes ont chés quelques uns un éclat, une ſoupleſſe, une vérité ſinguliere. Les Païſages en ſont ſouvent agréables & bien traités. Les cieux & les arbres touchés avec beaucoup d'art & de légéreté. S'ils ont obtenu

T

la préférence fur les grands Peintres des écoles d'Italie , c'eft que
la plûpart de ces derniers ont fait
peu d'ouvrages excellens d'une
médiocre grandeur , & que nos
curieux ne poſſédent pas des lieux
aſſez vaſtes pour les y pouvoir placer , n'ayant point les Palais immenſes de ceux d'Italie. Une autre raiſon c'eft que le choix de
leurs ſujets hiſtoriques n'eſt pas
toujours heureux & intéreſſant.
D'ailleurs les tems, où ont excellé ces grands Artiſtes , étoient des
tems où les ſujets de piété étoient
fort goûtés. Pour l'ordinaire ces
fortes de tableaux ſont aſſéz froids
par leur répétition uſée & par conſéquent ennuyeuſe, n'étant ſuſ-
ceptibles d'ailleurs d'aucun épi-
ſode agréable. Les Moines , &
la plûpart des ſujets d'un Souverain Eccléſiaſtique , dont la dé-
votion eſt preſque toute extérieu-

re , fe piquent d'avoir des Tableaux de piété pour la décence &
fans en être plus pieux. Les Moines fur-tout, dont le crédit y eft
énorme , ont occupé les plus célébres pinceaux à peindre des Mado-
nes, à repréfenter leurs Fondateurs,
& les Eglifes leurs Patrons. C'eft
ce qui a produit cette fourmillere
de Tableaux ridicules & indécens,
où l'on voit un Moine en conver-
fation familiere avec l'Enfant Je-
fus & la Vierge , & où celle-ci
lui met entre les bras l'auteur de
notre falut qui lui fourit ou le
careffe. Ces monacales imperti-
nences n'ont pas peu fervi à
avilir les tableaux de piété ,
qui font aujourd'hui prefqu'entié-
ment tombés.

Après ce que je viens de remarquer fur les obftacles au progrès de la Peinture dans l'Ecole
Françoife , foit par le peu d'en-

couragement & de fortune pour
les beaux Arts, foit par le défaut
de Mécenes puiffans ou intelli-
gens, foit enfin par les nouvelles
décorations de l'intérieur des bâtimens, une reffource bien favorable à nos Peintres d'Hiftoire d'aujourd'hui, ce feroit de pouvoir orner les Cabinets merveilleux des
Amateurs de ce bel Art. Ce n'eft
qu'à ces Curieux célébres, ces
généreux protecteurs du bon goût,
& les fléaux du médiocre & du
frivole, que l'Hiftoire pourroit
être redevable du rétabliffement
de fon honneur & de fes progrès. Les Cabinets de M. *le Duc
de Tallard* que je mets le premier
& avec juftice, par la collection
que lui feul a fait dans cette ville des Tableaux des plus grands
maîtres d'Italie, & où l'on en
voit le plus après ceux du Palais
Royal. Meffieurs *de Julienne* ,

Blondel de Gagny, de la Boüe-xiere, de Voyer, le Prince de Mo-naco, le Comte de Vence, Mef-fieurs de Thiers, Gaignat, & plu-fieurs autres, leur donneroient chés eux des places extrêmement honorables. Le choix épuré des meilleurs ouvrages anciens & mo-dernes, les excellens morceaux de fculpture en bronze & en mar-bre, embellis par le brillant des pâtes de Kiangfi, de Drefde & de Vincennes qui leur font affociées, la tournure gracieufe & recher-chée de leurs montures, l'ordon-nance élégante & contraftée dans la pofition de chaque piéce, ef-péce de diftribution qui exige prefque autant d'art & de goût que le choix même des piéces; tout cela forme aux yeux d'un connoiffeur délicat un fpectacle raviffant. Ces précieux Cabinets font compofés, & doivent l'être,

T iij

de tous les genres de la Peinture.
Quoique l'abondance de celui de
l'Hiſtoire en dût faire le prix , &
le mérite capital, la diverſité infinie des aſpects rians & enchanteurs des Païſages, l'amenité &
& la ſuavité des pinceaux Flamands ſi agréables , malgré la
baſſeſſe & le défaut d'intérêt dans
leurs ſujets , enfin juſqu'aux Tableaux excellens d'Animaux ,
ceux de Fruits & de Fleurs ,
genre de Peinture le plus médiocre, tous doivent entrer dans la
ſtructure de ces petits Temples du
goût & des beaux Arts , dont ils
ſont l'azile & le refuge le plus
aſſuré contre l'ignorance de leurs
anciens poſſeſſeurs , qui n'en con-
noiſſant pas le prix , les auroient
laiſſés périr , ou dans l'obſcurité ,
ſans jouir des honneurs qui leur
ſont dûs. Ils attirent en même
tems les Etrangers & leur admira-

tion, en faifant les délices de tous les connoiffeurs de la Capitale.

Un moyen bien fupérieur à celui dont je viens de parler, qui garantiroit notre Ecole d'un penchant prochain à fa ruine, & feroit digne de la grandeur & de la magnificence de notre Roi, le fouverain d'une nation dont le génie eft fi heureux pour les beaux Arts, moyen dont l'exécution honoreroit infiniment ceux à qui S. M. daigne confier la protection qu'Elle leur accorde, & le foin de leur avancement, ce feroit de faire conftruire une vafte Gallerie ou plufieurs contiguës, bien éclairées, dans le Château du Louvre, ce Palais inhabité, quoique fi digne de l'habitation de nos Monarques, qui fait encore l'admiration des Étrangers, & en même tems leur étonnement en le voyant aban-

T iv

donné, & son mépris porté au
point d'y laisser élever aujourd'hui
dans le milieu de sa cour, où
devoit être placée l'image du Souverain , avec une Fontaine jail-
lissante dans un grand Bassin, autant pour l'utilité publique que
pour la décoration qui en résul-
toit, de voir, dis-je, au milieu de
cette cour un bâtiment pour un
particulier à plusieurs étages, &
en pierres de taille , pour durer
très-long tems & ôter pour toujours à la Nation la vûe de l'in-
rérieur de ce Palais , après l'avoir
déja privée de celle de l'extérieur
par l'assemblage indécent d'Ecuries, de Remises , d'Echopes,
de Boutiques qui assiégent cet
Edifice de tous les côtés , tant
de celui des P P. de l'Oratoire,
que du côté de la Colonnade
qui regarde S. Germain l'Auxer-

vols. Cette infulte qui vient d'ê-
tre faite tout récemment au Louvre, & qui n'eft pas encore ache-
vée, (*) afflige de nouveau les
bons citoyens, pénétrés de voir
la maifon de leur Roi deshonorée
à fes propres frais, par ceux même dont le devoir de leurs charges feroit d'employer tout leur
crédit pour arrêter des abus auffi
hardis qui nous rendent la dérifion de l'Etranger & du Voya-
geur exacts à marquer dans leurs
Rélations que la Capitale du plus
beau Royaume eft la feule dans
l'Europe où le Palais du Souverain foit imparfait, abandonné
jufqu'à être découvert, & par-là
expofé à une ruine totale. Cependant le Public efpére beaucoup du zéle & de l'attention

---

(*) On travailloit encore alors au premier bâtiment qui a été élevé dans fa cour,

de M. de Tournehem (*) Directeur Général des Bâtimens de Sa
Majesté , & qu'il employera toute
son autorité pour relever l'honneur & rétablir la décence de celui qui est sans contredit le premier des Bâtimens royaux , & qui
par-là exige ses premiers soins.
Les tems n'étant point assez
heureux pour penser à une entreprise aussi considérable que
celle de son achevement (quoiqu'il y eût cent moyens pour le
faire finir , sans qu'il en coûtât
quoi que ce soit à Sa Majesté)
ce seroit une très-petite dépense
de le mettre en attendant à l'abri
des dépérissemens que la pluie &
la neige y causent journellement ,
& de commencer par en faire
couvrir la plus belle & la plus pré-

(*) Il est mort , & c'est aujourd'hui M. de
Vandieres à qui cette place a été donnée.

cieufe partie, celle qui regarde S. Germain. Le bon citoyen efpére encore de M. Tournehem qu'il bannira de la Maifon de fon Roi toutes les indécences choquantes qui l'environnent, & empêchera l'élevation des grands & petits Bâtimens fur-tout dans l'intérieur, qui aviliffent un lieu refpectable à toute la Nation. Ces attentions fi dignes d'un Directeur des Bâtimens du Roi, lui feront un nom célébre & lui affûreront l'eftime, la reconnoiffance, & les cœurs de tous les honnêtes gens.

Le moyen que je propofe pour l'avantage le plus prompt, & en même tems le plus efficace pour un rétabliffement durable de la Peinture, ce feroit donc de choifir dans ce Palais ou quelqu'autre part, (*) un lieu propre pour

_____

(*) De quelle connoiffance le public n'eft-

placer à demeure les chefs - d'œuvres des plus grands Maîtres
de l'Europe, & d'un prix infini,
qui compofent le Cabinet des
Tableaux de Sa Majefté, entaffés aujourd'hui, & enfevelis dans de petites piéces mal
éclairées & cachées dans la ville de Verfailles, inconnus,
ou indifférens à la curiofité des
Etrangers par l'impoffibilité de
les voir (*). Une autre raifon
preffante pour leur donner un lo-

il pas redevable envers M. de Tournehem d'a-
voir bien voulu exécuter cette idée, & remplir
les vœux de tout Paris & des étrangers en expofant les Tableaux du Cabinet du Roi dans le
Palais du Luxembourg & arrangés dans un
très - bel ordre.

(*) C'eft ainfi qu'exiftoit anciennement la
précieufe & immenfe Bibliothéque du Roi,
rue Vivienne dans de petites piéces, avant
que Monfieur l'Abbé Bignon, dont le nom
fera éternellement cher à la Nation & célébre
parmi les Sçavans, eût fait conftruire le fuperbe Bâtiment où elle eft logée aujourd'hui
rue Richelieu.

gement convenable, & qui mérite une attention bien férieufe, c'eft celle d'un dépériffement prochain & inévitable par le défaut d'air & d'expofition. Quel feroit aujourd'hui le fort des Tableaux admirables du Palais royal, s'ils euffent été entaffés pendant 30 ou 40 ans dans l'obfcurité, & dans l'impoffibilité d'être vifités & entretenus par le défaut d'efpace, tels que le font depuis plus longtems ceux du Roi? Mais le Prince Régent qui en avoit fait le magnifique affemblage avec des foins incroyables, & tranfporter des Pays très-éloignés avec les précautions que méritoient l'excellence de leur choix, & leur grand prix, n'avoit garde d'enfouir ce tréfor & le laiffer dans la pouffiere. Ce grand Prince qui aimoit les beaux Arts, & en connoiffoit toutes les fineffes, très-

convaincu que leur perfection
dans un Etat, & celle des Lettres, eſt la preuve la plus ſenſible
de ſa grandeur & de ſa ſupériorité, leur accordoit les plus doux de
ſes loiſirs, & faiſoit ſes plus cheres délices de la Peinture. Il en
avoit étudié de bonne heure les
principes, & s'étoit fait réve-
ler ſes miſtéres par un Peintre
habile (*). Ces mêmes mains
qui avoient cueillis tant de lauriers dans le champ de Mars,
ne dédaignerent pas manier les
pinceaux & les craïons, afin de
rendre ſes connoiſſances plus ſûres
par la pratique. C'eſt uniquement
à la ſagacité de ſes lumieres, &
à la ſupériorité de ſon goût, que
la France eſt redevable des chefs-
d'œuvres auxquels il a donné un
azile ſi honorable dans ſon Palais, & qui luí a fait une réputa-

---

(*) M. Coypel.

tion égale à celle des Cabinets
les plus renommés de l'Europe.
Ce fut pour les éclairer par les
jours les plus favorables, qu'il fit
ajoûter à ſes appartemens ce magnifique Sallon où la lumiere eſt
priſe d'en haut par des vitraux &
de grandes glaces. Si François I.
s'eſt immortaliſé pour avoir appellé
chés lui les beaux Arts, & principalement la Peinture, la Nation
aura l'éternelle obligation à Phi-
lippe de France d'avoir raſſem-
blé & logé ſuperbement dans la
Capitale, le plus grand nombre
des merveilles en cet Art viſitées
par tous les curieux de l'Europe,
& honorées des plus grands éloges dans les pays étrangers. Quelle Ecole pour la Peinture que ces
riches cabinets ouverts à tout le
monde avec une facilité digne de
la grandeur du Prince, où l'on
s'inſtruit de toutes les manieres,

& de tous les âges de la Peinture ! Si les Tableaux de Sa Majesté surpaſſent ceux-ci en nombre & en valeur, comme on le dit ſans pouvoir l'aſſûrer, n'y ayant jamais eu de Catalogue public, quelle perte pour les talens de notre Nation que leur empriſonnement ! Avec quelle ſatisfaction les curieux & les étrangers les verroient en liberté, expoſés dans une habitation convenable à des ouvrages dont la plus grande partie eſt ſans prix ! Telle ſeroit la Gallerie que l'on vient de propoſer, bâtie exprès dans le Louvre, où toutes ces richeſſes immenſes & ignorées ſeroient rangées dans un bel ordre, & entretenues dans le meilleur état par les ſoins d'un Artiſte intelligent, & chargé de veiller avec attention à leur parfaite conſervation. Par-là, ils ſeroient préſervés de

tomber

tomber dans la honteufe deftruc-
tion de ceux du Palais du Luxembourg, le triomphe de la Peinture, & dont la pofleffion nous
eft enviée par tous les Etrangers
qui donneroient des fommes très-
confidérables pour avoir chés eux
ces ouvrages divins & qui font
le plus d'honneur au pinceau de
l'immortel Rubens. Ils font cependant du côté de la Cour
prefque détruits par la négligence des Concierges qui laiffent les vitraux des croifées ouverts dans les jours les plus brû-
lans, (*) & dévorer à l'ardeur
du Soleil depuis le midi jufqu'à ce qu'il foit entiérement
couché, ces Tableaux fans prix,
ces beautés que toutes les richef-

(*) On a eu foin depuis d'arrêter un fi
grand dommage, & de garantir ces tableaux
d'un plus grand dépériffement.

V

ſes du Souverain ne pourroient aujourd'hui remplacer. Ce fut à Anvers que j'appris ce dommage irréparable, par un fameux Curieux de cette Ville nommé M. Van-haggen, qui fut frappé de l'indifférence de notre Nation pour ce qu'elle a de plus rare & de plus admirable en ce genre, ſans en excepter nos plus belles Peintures des maiſons royales. Il me fit encore part de la douleur qu'il eut dans les jardins de Verſailles, lorſqu'il y vit nos plus belles Statues, & ſur-tout les deux incomparables du célébre Puget, le Milon, & l'Andromede égales aux plus parfaites de l'Antique, & même ſupérieures, au jugement de pluſieurs habiles Sculpteurs Italiens, & qui mériteroient bien mieux l'honneur d'être dans les appartemens à l'abri de la gelée & des outrages de

l'air, que celles qu'on y conferve
fi précieusement, qui n'ont d'autre titre de vénération que leur
extrême vieilleffe & d'être venues
d'un pays très-éloigné ; lorfqu'il
les vit, dis-je, écurer comme la
plus vile vaiffelle avec du gros
fable, & en enlever non-feulement le poli, mais encore (ce
qui eft irréparable) cette peau, ce
précieux épiderme, où les ra-
meaux des veines, & toute la fi-
neffe de l'imitation fe faifoient admirer. Il fe rappella les tems
malheureux où les Barbares vin-
rent fondre dans les Gaules, &
détruire nos temples, nos édifices, nos ftatues, en voyant nos
mains, nos propres mains travailler à effacer les fineffes de l'art
du Puget, qui fçavoit donner à la
matiere le mouvement, la refpi-
ration, & même la plainte & la
fouffrance. Le Sieur le Moine

le Fils excellent Sculpteur, lorfqu'il travailloit à Verfailles, m'a
parlé plus d'une fois avec lar-
mes, de celle que lui caufoit ce
barbare fpectacle.

L'intérêt pour la gloire de notre Nation par la confervation
des beautés rares qu'elle poffède,
m'a un peu écarté de mon fujet.
Je reviens donc aux avantages de
ce dernier moyen que j'ai propofé
en faveur de la Peinture.

Quel motif d'émulation feroit
plus piquant pour nos Peintres
d'à préfent, que l'honneur d'obtenir des places dans cette Gallerie royale à côté de tant d'hommes illuftres de tous les pays &
fur-tout de l'Italie, qui compofent l'immenfe & fçavante collection des Tableaux des Cabinets
du Roi ? Honneur d'autant plus
flatteur, qu'il ne feroit accordé
ni à la brigue, ni à la protection

des Grands, ni aux caprices des Directeurs fubordonnés, ni à l'éclat paſſager des frivoles beautés de la mode qui excitent tous les jours les cris d'admiration des Petits-maîtres des deux fexes. Ces juges fubalternes, ces frivoles garants d'une immortalité hebdomadaire à nos enlumineurs d'eſtampes, n'auroient point de voix pour leur ouvrir l'entrée de ce Sanctuaire. Ce feroit au titre feul d'une réputation décidée, & appuyée fur pluſieurs excellens ouvrages marqués au fceau d'un fuffrage général & de l'admiration publique, que cette précieuſe diſtinction feroit accordée.

Après avoir parlé des avantages & de l'émulation que donneroit à nos Peintres d'Hiſtoire, des places honorables à leurs ouvrages dans les Cabinets des Curieux, ou dans une Gallerie au

Louvre bâtie à ce deſſein, & où l'on choiſiroit les jours les plus favorables, attention abſolument néceſſaire pour faire jouir le Public & ſur-tout les connoiſſeurs, de toutes les beautés, & de la fineſſe des détails toujours précieux dans un excellent tableau d'Hiſtoire, je vais encore hazarder quelques réflexions pour guider les pas de nos Artiſtes, & les ſoutenir dans une carriere ſi pénible, & où il eſt ſi rare d'approcher de la perfection.

Je les détournerai autant qu'il me ſera poſſible de s'amuſer à d'autres genres ſubalternes ſous prétexte de délaſſement, tel que celui des Bambochades. Tout le monde ſçait la facilité qu'il y a de compoſer un ouvrage où toutes les licences ſont permiſes, & où les ſujets les plus vulgaires & les plus bas ſont toujours bien reçus. Je

penſe qu'il eſt impoſſible que de
ſi vils amuſemens n'affoibliſſent &
n'abbaiſſent conſidérablement le
génie d'un Peintre Hiſtorien , s'il
n'a pas aſſez de fermeté pour réſiſter aux goûts & aux applaudiſſemens des perſonnes enchantées
de ces ſortes de productions , &
qui penſent comme le peuple
uniquement ſenſible aux repréſentations des ſujets qui lui ſont
familiers & proportionnés à la pe-
titeſſe de ſes idées. Il eſt très-im-
portant à un Peintre qui aſpire
dans la carriere de l'Hiſtoire à y
remporter le prix, de rechercher
les gens d'eſprit , & d'aimer la
bonne compagnie. Le caractere
de bienſéance , de dignité , & de
nobleſſe répandu dans leur con-
verſation & dans leurs propos,
paſſera infailliblement dans ſes
ouvrages , en relevera les beautés , & les rendra les délices des

honnêtes gens. Je fçai la réponfe
de leurs auteurs, que ces fortes
d'ouvrages fervent à les délaffer
de la pénible contention,& des fatigues de l'efprit dans les grandes
compofitions ; que ces amufemens ne leur coûtent ni penfées
ni réflexions , & moi je leur af-
fûre un déclin infaillible dans
leur art, ou tout-au-moins un défaut de progrès , s'ils perfiftent
quelque tems à fe familiarifer
avec ces baffes idées. Ils ne me
perfuaderont point que l'on puiffe atteindre à une maniere ori-
ginale & éloquente , à un ftile
grand & élevé dans le genre de
l'Hiftoire fans beaucoup de réflexions & une forte application,
fans des études affidues d'après
les expreffions vives de la nature ;
mais rapides & très - difficiles à
faifir dans la vérité, enfin fans des
recherches approfondies & fouvent

-vent mifes en œuvre. L'on voit
par-là que les loifirs d'un Peintre
qui veut fe faire un grand nom
dans l'Hiftoire, font rares & précieux. Après s'être aquité de ce
qu'il doit à fa religion, à fa famille, à fes amis & à la fociété, devoirs indifpenfables, quel tems
pourra-t-il prendre pour fervir de
relâche aux travaux de fa profeffion, s'il employe le feul qui lui
refte, à compofer des tableaux d'un
autre genre ? Quels font les délaf-
femens d'un vrai Peintre Hiftorien ? C'eft de lire & d'étudier nos
meilleurs livres d'Hiftoire & de
la Fable : d'y démêler les fujets
non-feulement, intéreffans & pittorefques, mais encore rares, fin-
guliers, & qui attachent le fpectateur par leur nouveauté. Son fujet choifi & arrangé dans fon efprit, il en jettera tout de fuite
les idées fur le papier dans leur

X

premiere chaleur fans leur donner le tems de fe réfroidir , ce
qui eft bien effentiel , & a été
pratiqué par tous nos grands
Poëtes & nos Ecrivains célébres.
C'eft de nourrir & d'enrichir fon
imagination par la revûe des deffins qu'il aura remplis des plus
belles idées de nos grands Maîtres qui l'auront frappé , & par la
revûe dans fes Eftampes des merveilles de nos excellens Peintres
anciens & modernes , de méditer
profondément fur leurs beautés ,
de s'efforcer d'en découvrir la
fource , & le germe heureux qui
a enfanté cette vie , cette vérité
d'expreffion , cette intelligence
admirable qui forme le bel enfemble & la liaifon de toutes les
parties de leurs fublimes compofitions. Il emploira encore fes loifirs à étudier la partie du Coftu-
me , c'eft-à-dire , la réligion , les

mœurs, les habillemens, les bâtimens, les sites, les arbres même de chaque pays, de chaque
nation, & sur-tout de celle qui
fait le sujet du Tableau auquel il
travaille.

Voilà les routes qui ont mené
les Raphaël, les Poussin, les Rubens, les le Brun, les le Sueur, &
quelques autres sur le sommet de
cette montagne escarpée où est
placé le temple de l'immortalité.

Les veilles & la peine enfantent
les Héros,
Et les avares Dieux vendent tout
aux Travaux.

La plûpart de nos Peintres sont
peu inventeurs, parce qu'ils sont
peu studieux & rares lecteurs. L'i-
gnorance est fille de la paresse,
& compagne inséparable de la
médiocrité. Ennemie de l'émulation, elle rétrécit les talens, &

X ij

laiſſe nonchalamment à ſes rivaux laborieux la gloire de l'Invention , contente de ramper
obſcurément dans la foule des Co-
piſtes , ſemblable à ces animaux
qui n'oſent porter leurs pas que
ſur ceux qui les précédent. Tous
les fameux Peintres en Hiſtoire
n'ont ravi le titre de grands
hommes & l'immortalité , que
parce qu'ils ont tous été amateurs
du ſçavoir. Leurs Ouvrages ſont
des livres ouverts, & une langue
intelligible à toutes les Nations ,
où tout parle , où tout inſtruit.
Nulle circonſtance eſſentielle au
ſujet n'y eſt omiſe , & leur voix
qui ſe fait entendre aux regards ,
pénétre ſouvent l'ame plus profondément , que les plus éloquens
écrits.

Un autre ſecret preſque infaillible pour trouver la route du
cœur des ſpectateurs , & arriver

par conféquent à un fuccès certain, c'eft non-feulement de choifir un fujet intéreffant, mais encore d'y jetter tout l'intérêt dont
il eft fufceptible. C'eft ce feul
talent qui fait la fortune des ouvrages d'efprit & de ceux du Pinceau. Un Hiftorien, un Poëte,
enfin tout écrivain qui ignorera
l'art d'intéreffer, jouira fûrement
du don d'ennuyer. L'ame défire
fortement & fans ceffe d'être at-
tendrie & remuée, d'être tirée de
ce repos, de cette langueur,
fource infaillible de l'ennui, de
tous fes états celui qui lui eft le
plus infuppoatable. Les feules
paffions peuvent l'en délivrer. Elle aime à en partager le trouble,
la fureur; & leurs plus violentes
fecouffes font fouvent celles qui
lui donnent le plus de plaifir. Il
faut donc pour cet effet bannir
des compofitions pittorefques,

tout épisode froid & oisif, qui amuse les yeux sans affecter l'ame, qui divise l'intéret en détournant les regards du spectateur, & les empêche de se porter à l'objet essentiel. C'est ce que Raphaël, le Pouslin & le Brun ont observé avec une sévérité inflexible. On en voit en faveur de ce dernier, un exemple bien frappant dans la composition du Tableau de la famille de Darius dans sa tente. Ce grand maître dans l'art de peindre les passions, a exprimé avec une science supérieure tous les divers mouvemens qu'excite l'arrivée du vainqueur du Roi de Perse chés toutes ces Princesses & même dans les personnes de sa suite. La soumission, le respect, la confiance, l'admiration forment les phisionomies de Sisigambis, de Statira & du jeune Prince. L'étonnement, la crain-

té, la terreur, l'abbatement ca-
ractérisent les ames basses & ti-
mides de leurs esclaves, fentimens conformes à leurs états. Un
trait encore remarquable dans
cet ouvrage qui fait honneur au
grand fens de cet excellent Peintre l'Homere & le Quinte - Cur-
ce de Louis XIV, c'est d'a-
voir pensé que la clémence, cette vertu si estimable dans les Souverains, est toujours froide dans
la représentation ; & d'avoir imaginé l'heureux effet que produit
l'erreur de la mere de Darius en
prenant Epheftion pour Alexandre, trompée par l'avantage de la
taille & de l'air du favori fur celui du Héros ; ce qui occasionne à
ce dernier l'action de faisir le bras
d'Epheftion, & de dire à Sifigam-
bis ce beau mot, *Qu'elle ne se*
trompoit point, & qu'il étoit un

X. iv.

autre *Alexandre*. Beaucoup d'é-
trangers ont été jaloux de la perfection de notre école fous Louis
XIV, fur-tout dans les ouvrages
de ce grand Peintre , & particulierement dans celui-ci. Un Nonce Italien entr'autres à qui on le
faifoit admirer à Verfailles , pi-
qué des éloges qu'on lui donnoit
dans un tems où l'on rendoit
plus de juftice qu'aujourd'hui au
vraies beautés , & dont la nouveauté ne faifoit pas le feul mérite aux yeux de la nation , ce
Nonce voulut donner la préférence fur le tableau des Reines de
Perfe,à celui des Pelerins d'Emaüs
de Paul Veronefe qui eft vis-à-vis,
& dit en le montrant : Il a un
mauvais voifin. *Hà un cattivo vi-*
cino. Mais les plus grands Peintres même d'Italie n'ont pû refufer au François la fupériorité fur
l'Italien dans la Perfpective , la

sçavante ordonnance , & sur-
tout dans l'expression des sentimens qui est la partie de l'esprit
& par conséquent la plus sublime. Le tableau de Paul Veronèse
n'a pour lui que la couleur qui, à
la vérité , est admirable ; mais nul
plan , nulle perspective , nulle
pensée, des Episodes bas & sans
génie , qui loin d'être rélatifs au
sujet , semblent n'y être mis que
pour débaucher l'attention du
spectateur.

Je ne dirai qu'un mot en faveur du Poussin sur la sévérité
dans le choix des Episodes, &
l'observation du Costume. Rien
n'étoit mis au hazard sur la
scène de ses Tableaux , & sans
une raison rélative aux lieux, aux
tems , aux mœurs, à la Religion
dans les sujets de l'Histoire qu'il
exposoit aux regards. Les bâtimens, les Temples , les Idôles ,

les habillemens , tout parloît , tout inftruifoit dans cette Poëfie muette qui n'a que le moment d'une action rapide , privée de circonftances précédentes & préparatoires, pour amener l'efprit du fpectateur à l'événement que le Peintre , a choifi & en éclairer le fujet. Sans la pratique de cette loi importante , l'Hiftorique en Peinture, dont le but eft d'inftruire par l'agrément , devient un travail & une énigme pour le fpectateur qui le fatigue & fouvent le rebute.

Pourrois je finir mes Réflexions fur les Tableaux d'Hiftoire, fans parler du Coloris qui en fait tout l'éclat & le mérite le plus brillant , fur-tout dans les teintes des chairs où la vie & la vérité font fi difficiles à faifir ? On a toujours eftimé cette partie la plus enchantereffe des trois de la Peinture, celle qui appelle le spectateur, & qui constitue son nom & son caractere. Le Peintre qui n'excellera que dans la partie du Dessin, ne sera jamais qu'un grand Dessinateur. Cette correction se peut même acquérir à un certain point par une étude opiniâtre. On placera au rang des grands génies & des hommes d'imagination, ceux qui mettront beaucoup de feu, des traits singuliers & poëtiques dans leurs ouvrages, & dont la veine sera féconde & riche en inventions ; mais ce ne seront point encore là de grands Peintres, s'ils ne nous enchantent par la couleur. On estimera un excellent Géométre celui dont on admirera l'art & la science des raccourcis, & des illusions étonnantes de la Perspective, mais l'on ne pourra jamais concevoir un Peintre parfait sans la partie du

Coloris. C'eſt ſon charme qui m'attire par le brillant éclat des objets imités , & cette imitation portée au plus haut degré, eſt ſouvent plus ſéduiſante & plus enchantereſſe que le vrai même auquel elle ajoûte par le choix de ce qui eſt le plus beau dans la nature, & dont on ne ſçauroit trouver l'aſſemblage que par un heureux hazard qui n'arrive preſque jamais ; ce qui excite en nous un double plaiſir dans le même inſtant, celui de voir la plus belle Nature, & d'admirer en même-tems l'art & la magie de l'imitateur qui nous trompe ſi agréablement. Et il ne faut pas croire que cette haute intelligence du Coloris, & cet artifice de ſéduction ſoient aiſés. Parmi le grand nombre de Peintres célébres dans les Ecoles , combien peu de bons coloriſtes ? Leur rareté ne doit point nous

étonner. Quel art pour conferver
la pureté des teintes vierges &
primitives, & les faire cependant
monter à ce dégré éminent de
fraîcheur & de lumiere par le mê-
lange des demi teintes, fans alté-
rer ni fatiguer les couleurs fim-
ples & fondamentales ! Quelles
techerches infinies pour trouver
les tons vrais de ces demi teintes,
ou plutôt quel heureux hazard
dans leur découverte ! Je dis un
heureux hazard, puifqu'un fi
grand nombre de Peintres ont
paffé leur vie à chercher la vérité
& la perfection dans la couleur des
chairs, fans avoir pu y réuffir.

La plûpart de nos Peintres
François modernes, non feulement négligent l'éclat & la vérité dans cette partie fi féduifante, mais encore les moyens
d'en affermir la durée. Souvent
dix & vingt années au plus fuf-

fifent pour emporter , ou tout
au moins affoiblir la couleur de
leurs Tableaux au point de les rendre méconnoiffables. Nous en
avons un exemple bien fenfible &
bien douloureux en même tems
dans ceux de Vatteau, ce Peintre
fi ingénieux, fi agréable , fi enchanteur, enfin fi original, & qui
a enfanté une foule d'imitateurs fi
médiocres. Quels font aujourd'hui
la plupart de fes ouvrages ? Un affemblage rebutant de diffonances
& de couleurs fans couleur, qui
ne laiffent à fes figures ni vie ni caractere.

Je fçai que l'art d'employer les
couleurs contribue beaucoup à
leur durée , mais la fource de leur
ruïne vient auffi dans la plupart de
nos Peintres François de leur négligence en cette partie , & de
la mauvaife qualité de celles qu'ils
achetent toutes broïées. La per-

fection dans leur choix a fait l'objet des recherches les plus pénibles des grands Coloristes Flamands & Italiens. Ils n'ont épargnés ni dépenses ni voyages pour tirer leurs couleurs primitives & essentielles des pays étrangers les plus éloignés, & pour les puiser dans leurs sources. L'économie de l'Azur d'Outremer, qui est fort cher, est la cause la plus ordinaire de l'altération du Coloris dans les teintes des carnations. S'il est bien employé & sans ménagement, il a la propriété inestimable d'éterniser la fraicheur & le sanguin des chairs. L'on n'y est jamais trompé quand on n'a point d'égard à la cherté de son prix, mais cette considération fait souvent préférer à nos Peintres l'azur de l'Europe que l'on trouve en France & en Allemagne, au seul excellent qui se tire de la

Perſe & des grandes Indes.

Nos jeunes Artiſtes doivent donc faire tous leurs efforts pour chercher la belle nature dans une partie auſſi eſſentielle à la Peinture que celle du Coloris. Elle avoit été preſque de tous les tems l'é-cueil de l'Ecole Françoiſe, & l'I-talie jouiſſoit avec fierté d'un ſi grand avantage, lorſque l'illuſtre le Moine, que ſon Plat-fond de Verſailles a immortaliſé, lui en-leva cet honneur & égala en ce genre les plus grands Peintres de ſes Ecoles, ſans en excepter la Venitienne.

Mais quelques éloges que j'aie donné à la partie du Coloris, je ne puis trop exhorter nos jeunes Peintres d'Hiſtoire à ne point ſe relâcher dans celle du Deſſin, où nous avons ſi fort excellé dans le ſiècle de Louis XIV. ſoit en Pein-ture ſoit en Gravure, & qui n'eſt

aujourd'hui

aujourd'hui que trop négligée
dans l'une & dans l'autre. Quelle
exactitude & quelle hardiesse de
Dessin dans les ouvrages du Poussin, de le Brun, de le Sueur, de
le Clerc & quelques autres ! C'est
en vain que l'éclat d'un beau Coloris m'enchante, je ne serai plei-
nement satisfait, & il manquera
toujours quelque chose à mon
plaisir, lorsque je le verrai briller
sur des parties qui me blessent par
les défauts de leurs proportions &
de leurs contours. Que nos Artistes n'oublient jamais que Raphaël ne s'est élevé à la primauté
dans son art, qu'après le génie sublime & la magnificence de ses
compositions, que par son extrême sévérité dans le Dessin dont il
avoit approfondi toute la science,
où il ne s'est jamais permis aucune licence, & dont il semble avoir
préféré la perfection & la supé-

Y

riorité à celle du Coloris.

Une chose encore bien essentielle aux Peintres qui se destinent à l'Histoire, c'est de se rendre habiles dans la science de la Perspective & de l'Architecture. Quel ornement plus majestueux & plus superbe l'Histoire peut-elle employer pour enrichir le théâtre de ses événemens? Combien sa magnificence ajoûte de dignité à celle de ses sujets! Tous les grands Peintres qui ont sçu l'employer, & qui en ont connu les beautés, en ont tiré des richesses & des secours surprenans. Je ne parle que de ceux qui ont sçu les régles de la belle Architecture, qui ont possédé l'intelligence de ses magnifiques effets, rien n'étant si choquant dans un Tableau que l'Architecture maltraitée, dont les proportions sont vicieuses, ou qui péche dans la distribution des lumieres ou des ombres répandues mal-à-propos fur les maſſes. Nous n'en avons que trop d'exemples dans l'architecture peſante & barbare de Paul-Veronèſe , de Rubens, & dans celle de la plupart de nos Peintres François d'aujourd'hui.

La ſcience de la Géométrie & de la Perſpective y eſt encore plus abſolument néceſſaire , puiſque ſans elle toute compoſition ne fera qu'une confuſion inſupportable à l'œil. C'eſt la diverſité des plans qui doit régler la poſition des Groupes , leur ton de couleur , & leur dégradation , & c'eſt ce que la feule Géométrie enſeigne. Dans quelles abſurdités ſont tombés de grands Peintres par l'ignorance de cet Art, & entr'autres ceux dont je viens de parler Paul-Veronèſe & Rubens ? Parmi nos François le Pouſſin, le Brun,

& le Sueur l'ont obfervé avec
une intelligence admirable. Ce
dernier fur-tout y a excellé. Dans
le grand nombre de fes ouvrages
on en voit un exemple remarquable aux Chartreux de Paris, c'eſt
le tableau de la mort de S. Bruno.
Il n'y a pas une figure dont la pofition ne concoure au point de
vûe de la fcene comme à fon
centre, qui eſt le viſage du S.
expirant. Ce tableau eſt un rare
chef-d'œuvre aux yeux des connoiſſeurs par le grand nombre
de beautés qu'ils y découvrent.
Telle eſt la variété des effets de
la lumiere des flambeaux dans
les mains des aſſiſtans, répan-
due avec une fcience étonnante
fur chaque figure, & qui produit des oppoſitions de clair obſ-
cur admirables. Telle eſt la vérité, la fimplicité & la facilité
des Draperies de leurs habits fi

peu avantageux à fa compofition
par l'uniformité de la couleur &
de leurs figures, qui y font cependant beauté fans aucune mo-
notonie. Enfin la variété des phi-
fionomies de tous ces Religieux
& de leurs attitudes dont aucune
n'eft oifive, exprime leurs fentimens divers par la fcience de
peindre l'ame que cet homme
unique a poffédé dans le plus haut
dégré de perfection.

On peut encore admirer les effets de cette fcience de la Perfpective & de la bonne Architecture dans les ouvrages immortels
du fçavant & ingénieux le Clerc,
Graveur célébre, dans fes belles
compofitions des fiéges de Louis
XIV, dans fes tableaux de l'Hiftoire facrée, dans le Poëme de S.
Paulin, dans fes Maufolées, fes
vignettes agréables, &c. C'eft-là
que l'on pourra voir & éprouver

le plaifir que donne à nos yeux la
grande intelligence de l'Architecture & de la Perfpective.

J'ai déja parlé des Portraits
dans ces Réflexions, & j'ai peu
de chofe à ajoûter. Quelque avantage qu'ayent ceux à l'huile fur le
Paftel, foit par la difficulté d'exceller dans les premiers, foit par
la folidité de leur durée, je dois
à ces derniers de grands éloges
par le dégré de perfection où leurs
habiles Auteurs ont porté depuis
quelque tems cette efpéce de
Peinture. Quels regrets pour les
amateurs, que leurs fineffes, &
la vérité de leur imitation dans
les chairs & dans les étoffes, qui
égalent fouvent la nature au point
de tromper parfaitement le fpectateur, que leurs beautés, dis-je,
foient prefque auffi fragiles que la
glace qui les défend, & expofées à
périr, ou du moins à être confr-

dérablement altérées par la chute
du tableau , ou par la pénétration
de l'humidité des lieux ! & nous
n'en avons que trop d'exemples.

Si j'ai blâmé ci - devant dans
les Portraits les déguisemens ignobles & subalternes , je ne sçau-
rois trop approuver les caracteres
empruntés de l'Histoire sacrée &
profane , ou de la Fable. Tels
sont à l'égard de la premiere les
S. Jean - Baptiste , les S. Pierre ,
les Madeleines , &c ; & de la seconde les Alexandre , les Césars,
les Augustes , &c. Dans la Fable une infinité , Minerve, Pal-
las , Bellone , Diane , Hébé ,
Mars , Hercule , &c. Un autre
genre d'allégories très-décentes ,
& aujourd'hui très-peu intéressan-
tes , c'est celui des vertus morales & civiles que Paul-Veronèse ,
Rubens , le Brun & plusieurs autres ont employées avec succès,

La Religion, la Piété, la Foi, la
Vigilance, la Force, la Justice,
le Courage, la Générosité, &c.
les personnes sensées préféreront
toujours de faire passer leurs traits
à la postérité sous d'aussi dignes
attributs, & des emblêmes aussi
honorables, que sous ceux d'un
Ramoneur, d'un Qinze-vingt,
d'un Moine mendiant, &c.

Une attention bien nécessaire,
& que n'ont pas toujours eu nos
grands Maîtres & sur-tout Rubens, dans le choix & l'expression de ces emblêmes, c'est de
les étayer d'attributs assez clairs
pour les entendre, & ne les rendre ni équivoques, ni énigmati-
ques.

Encore un avis de la part du
public à nos Peintres en Portraits,
très-intéressant pour eux & encore
plus pour l'honneur des personnes qu'ils divinisent, c'est d'employer

ployer tout leur éloquence & leur fermeté à leur persuader la vrai-semblance dans le choix des Divinités & de leurs ajustemens, pour échapper aux railleries malignes & inciées des spectateurs. Si l'on estime avec raison une Dame sensée, dont l'allégorie ou les ajustemens seront assortis à ses traits, & conformes à son âge, n'est-il pas sans aucune de justice ridiculiser ces vieux visages qui laids & surannés empruntent des galans, attributs de la Déesse de la jeunesse, & se font charger de rubans & revêtir de nœuds de couleurs? Du mépris de la folle Déesse, on passe à celui de l'auteur du Portrait que l'on accuse, & souvent injustement, d'avoir imaginé ces Apothéoses extravagantes par une basse complaisance, ou par un aveugle intérêt

Z

Les Peintres de Portraits tom-
bent encore dans un défaut de
convenance, dont il est à propos
de les faire appercevoir. C'est
d'attacher fixément sur le public,
les regards de ceux à qui ils donnent quelque occupation. Quoi
de plus froid & de plus opposé
à la vérité qu'une figure qui tient
un livre ou une plume, appuyée
sur une table en disposition d'é-
crire, ou un compas sur un Globe, sur un dessin, de la voir, dis-
je, détourner ses regards du sujet de son action pour contem-
pler sans aucune nécessité le Spectateur & les passans. Les regards
vagues & indifférens ne conviennent qu'aux personnes qui
ne pensent ni n'agissent. Ces
Portraits à la vérité sont froids
& nullement intéressans, mais
à l'abri de la juste critique de
ne point faire ce qu'ils font.

Ce défaut d'attention est encore plus remarquable dans les Tableaux où font représentées deux ou trois figures , & quelquefois des familles entières , & où l'on ne voit aucun personnage parler à un autre , ni même le regarder. Image parfaite d'un assemblage de Statues , ou de ceux qui jouent à table à la Méduse , forte de jeu , ou au bruit d'un signal chacun reste à l'instant immobile & garde exactement l'attitude où il est surpris , pour représenter la fable de la tête de Méduse qui pétrifioit tous ses spectateurs.

Quoique je n'aye eu dessein de parler que de la Peinture , je diraic ependant un mot des Sculpteurs. On ne sçauroit trop admirer les talens , & le nombre de ceux qui se distinguent aujourd'hui. (*) Loin de leur donner des avis pour la perfection dans leur Art, la plûpart de leurs ouvrages pourroient fervir de régle & de modéle à tous les Artiftes de l'Europe en ce genre. Tout le monde convient qu'il eft infiniment plus aifé d'exceller dans la Peinture que dans la Sculpture. Privé de tous les avantages du pinceau, elle n'a pour elle que la voix de l'action, le langage de l'attitude, les graces de la pofition & la perfection du deffin. Que de fecours dans la Peinture! La vie & le fang des carnations, la vivacité de l'œil, fiége de toute l'expreffion de l'ame, & de fes paffions : la variété des tons & des couleurs dans les Draperies,

---

(*) Mrs. Bouchardon, le Moine, les freres Adam, Pigal, Michel-Ange-Slodz, Sali, Falconet, &c.

& leur harmonie : le bel enſemble des groupes : l'éloquence des
Epiſodes : la diverſité des plans :
la force des devans & des terraſ-
ſes : la beauté des fonds ſoit d'Architecture , ſoit d'un charmant
Payſage : l'heureux effet des
Ciels & des lointains ; tous ces
ſecours ſi favorables à l'illuſion &
à la magie de la Peinture , manquent totalement au bel art des
Phidias & des Praxitele pour plaire & pour émouvoir , ſeuls objets de ces deux Arts. Un très-
petit nombre de Sculpteurs les
ont parfaitement remplis. J'en
excepte les Grecs , nation ſi étonnante pour les beaux Arts , qu'elle
en a été preſqu'en même tems
l'aurore & le midi par les graces
majeſtueuſes & la ſublimité de ſon
génie , auquel tous les efforts de
Rome n'ont pu atteindre , quelque admirables que ſoient ſes ou-

vrages fous l'empire d'Augufte.
Ceux du fiècle de Louis XIV.
ont difputé la primauté à ces derniers , finon par le nombre, du
moins par la vérité & la fierté des
expreffions. Les Puget, les Coy-
fevoz, les Girardon, les le Gros,
les Couftou , les Flamand , les
Tubi, les Marfy, & plufieurs autres ont produit des chefs-d'œuvres en ce genre qui feront immortels , fi nos neveux François
les eftiment leur prix, & leur ac-
cordent, ce que ce fiècle leur
refufe. La Sculpture n'ayant donc,
pour rendre la nature avec une
certaine fupériorité, que le beau
choix des pofitions & des attitudes, & la perfection du deffin ,
nos jeunes Artiftes doivent employer tout leur tems & toutes
leurs forces à y exceller. Mais
c'eft fur-tout le choix des Sujets
qui doit épuifer leurs veilles &

leurs travaux. Il en eſt très-peu
qui ſoient propres à réuſſir émi-
nemment en ſculpture ! Un ſujet
ſans action, & qui n'exigera aucun mouvement dans la tête ni
dans les bras des figures, ſera
toujours froid & peu ſuſceptible
d'intérêt. Par cette raiſon les vertus morales & civiles, ſont très-
difficiles à traiter avec un ſuccès
diſtingué. La Prudence, la Mo-
dération, la Généroſité, la Clémence, &c. Il n'en eſt pas de
même des Sciences & des Talens.
L'Eloquence, par exemple, de quel
feu, de quelle véhémence d'expreſſion n'eſt pas ſuſceptible l'attitude d'une figure qui doit peindre le talent d'un vrai Orateur,
aſſez puiſſant pour ébranler toute
l'ame de celui qui l'écoute, pour
la maîtriſer, & la mener où il lui
plaît, pour enflammer ou étein-
dre les paſſions ? Quel talent plus

propre à donner du mouvement
au marbre & au bronze, & à peindre les Graces que celui de la
Danse? Je ne l'ai cependant point
encore vûe représentée à mon
gré. La figure qui en porte le
nom au Jardin du Palais Royal,
est d'un froid & d'une attitude à
glacer. C'est du choix heureux
d'un instant rapide & intéressant,
saisi soudainement & exprimé
avec force & avec vérité, que dépend l'effet & le succès de la plûpart des ouvrages de ce bel Art.

Après avoir parlé de la Peinture & de la Sculpture, on s'at-
tend sans doute à trouver ici quelques réflexions sur le plus sçavant
de tous les Arts, & celui qui
exige le plus de connoissances
pour y exceller; & c'est l'Architecture. Quoiqu'elle soit placée ici
la derniere, on lui doit cependant la préférence sur les deux au-

tres, qui n'ont qu'un mérite d'a-
grément & de décoration, celle-
ci réunit à ces deux avantages
celui d'une utilité très-importante
à la société. L'Architecture est de
tous les Arts le plus grand , le
plus majestueux , & le plus frappant. C'est lui qui annonce aux
Étrangers & à tous les peuples
du monde la richesse & la puissance d'un Empire , & en même
tems l'étendue ou la médiocrité
du génie d'une Nation , selon que
ses Temples , ses Palais , ses Ho-
tels publics & particuliers sont
bien ou mal conçus & proportio-
nés. Leur magnificence est l'é-
poque la plus visible & la plus
durable des Regnes heureux &
pacifiques , & la grandeur ou la
médiocrité de leur caractere , la
preuve authentique & éclatante
de celui du goût du Souverain.

De tous les monumens élevés

fous le regne éternellement célébre de Louis XIV., le feul Périftile du Louvre eût été fuffifant
pour l'immortalifer. Sublime par
la majefté de fa compofition, par
la juftefle & la perfection de fes
proportions, il a furpaflé non-
feulement tous les Edifices des
Rois fes prédécefleurs, mais encore tous les ouvrages d'Architecture des Empereurs d'Orient &
d'Occident. Il n'eft point de
François ni même d'Etrangers,
qui ne gémifle de fon état, &
qui ne déplore l'aveuglement de
notre Nation, & fon indifférence
qui tient de la barbarie, pour le
plus bel ouvrage qu'elle ait jamais
conçu & enfanté, & qu'elle laifle
tranquillement périr. L'on en feroit beaucoup moins étonné fi ce
Royaume étoit déchu au point de
n'avoir plus d'Architecte, ni perfonne qui préfidât aux Edifices

publics & aux Palais de notre
Monarque. Mais que cet état
jouiffe encore de tous ces avantages, que le Souverain ait des
revenus plus confidérables que
tous fes prédéceffeurs, qu'il y ait
des Académies d'Architecture où
l'on enfeigne les régles & les belles proportions de cet art, qu'il
poffède de bons Architectes, &
qu'il n'y en ait aucun de tous
ceux qui approchent la perfonne
du Roi, affez zélé pour la gloire
de fa Nation & l'honneur de l'art
qu'il profeffe, & dont par conféquent il doit mieux fentir les
beautés que qui que ce foit, qu'il
ne s'en trouve, dis-je, aucun qui
ait daigné parler en faveur du rétabliffement, ni même de la confervation de ce beau monument;
voilà ce qui furpaffe toute croyan-
ce & fonde un étonnement d'une
efpéce inouie, & dont il n'y a

point eû , & n'y aura peut-être
jamais d'exemple.

L'on a dû être bien moins furpris que le bel Arc-de-triomphe
du fauxbourg S. Antoine imaginé
par le même auteur du Périftile
du Louvre, n'ait pas été achevé;
& que celui qui préfidoit aux
Bâtimens publics , en ait fait arracher jufqu'aux fondemens pour
n'en laiffer aucun veftige , par un
caprice qu'aucun nom ne fçauroit
qualifier. C'étoit dans un tems de
minorité , tems toujours orageux,
où il s'agiffoit de fermer les playes
que les dernieres années du régne
précédent avoit fait à l'Etat. Il s'a-
giffoit d'y rappeller l'abondance
& la confiance qui en étoit ban-
nies , & de foulager les peuples
qui gémiffoient fous le poids des
befoins. Il s'agiffoit enfin d'apporter un reméde prompt & réel
à des maux preffans. De fi im-

portans objets autorifoient la diftraction du Régent de ceux qui
l'étoient beaucoup moins. Mais
l'Etat s'étant relevé de fes chûtes
& de fa langueur par la force de
fa conftitution & de fes reffources,
& ayant joui pendant un grand
nombre d'années d'une profonde
paix fi favorable aux Arts , &
jouiffant encore aujourd'hui de
nouveau d'un fi grand bien , cet
oubli entier , & cette indifférence,
pour fa gloire furpaffe l'intelligence de tout homme qui penfe , &
de tout François citoyen.

Je reviens aux Ouvrages d'Architecture élevés fous le fiécle
fortuné des Arts , celui de Louis
XIV. Après le Louvre & l'Arc-
de-triomphe dont je viens de parler , celui de la porte S. Denis
fera toujours admiré comme un
Edifice d'un goût excellent par la
juftefle exacte de fes proportions ;

& la sçavante harmonie de l'ensemble. L'Hôtel des Invalides, son beau Portail du coté de la campagne, & la coupe admirable de son Dôme. L'Observatoire du fauxbourg S. Jacques ; l'immense façade du Château de Versailles qui regarde les jardins ; la superbe idée de son Orangerie, ses Ecuries, enfin tous les Edifices publics annonceront éternellement à la postérité la grandeur & la magnificence du goût de ce Monarque.

Un abus dans cette ville bien sensible aux Citoyens, & dont il n'est pas aisé de concevoir la durée, c'est que la plûpart de ses beaux Edifices soient interdits à nos regards, & qu'ils soient non-seulement méprisés , mais que l'on nous défende encore de les admirer. Telle est la Façade du Louvre, le Portail S. Gervais ,

celui de S. Sulpice, la fontaine de
la rue de Grenelle, le Portail de
la chapelle des Orfevres (*) &c,
vis-à-vis desquels on ne sçauroit
se placer dans un point de vûe
propre à les observer. Tout le
monde sçait que pour bien juger
des proportions d'un Edifice, il
faut être dans une distance égale
à sa hauteur & à sa largeur. Si elle est par exemple de 20 toises,
l'œil du spectateur doit être éloigné de 20 toises du pied de l'é-
difice, afin que ses rayons puissent en embrasser toutes les par-

---

(*) Le dessin de ce Portail est de Phili-
bert de Lorme, Intendant des bâtimens des
Rois Henri II. & Charles IX. C'est le premier François qui a osé bannir le goût Gothique de notre Architecture, & y substituer
les proportions de l'Antique qu'il a employées au Château des Tuileries, à celui
d'Anet, de S. Maur, &c. Ce Portail a environ 70 pieds de hauteur, & la rue où il est,
n'a pas 12 pieds de largeur.

ties , voir fi l'Architecte a eu
égard aux régles de l'Optique
dans fa compofition & juger de
l'effet du total. Dans cette pofition l'œil du fpectateur fera le
fommet d'un triangle équilateral,
& la largeur du bâtiment fa bafe.
Sur cette régle établie, pouvons-
nous juger des proportions , &
jouir des beautés de la plûpart de
nos Edifices ?

En parlant de la Sculpture , j'ai
parlé d'un grand nombre d'Artiftes célébres dans cette profeffion , que nous avons le bonheur
d'avoir aujourd'hui ; je dois la même juftice à quelques Architectes d'à préfent dont le goût & les
ouvrages font honneur à la maifon
& à la nation. Quoiqu'il n'y
en ait pas un fi grand nombre
que d'excellens Sculpteurs , (*)

(*) On mettoit ici les noms de nos bons

il

il en est cependant encore plusieurs qui avec du génie & de l'invention, ne rougissent point de soûmettre les proportions de leurs

---

Architectes qui se distinguent par leur opiniâtreté à suivre les régles de l'Antique, & les belles proportions dans leurs Ouvrages; si l'on n'étoit presque assûré d'exciter la jaloufie de ceux qui penfent exceller dans cet Art par la satisfaction & les éloges de ceux qui les employent, & qui applaudissent à leurs nouveautés bizarres & déréglées. Ils les estiment des productions du génie, & elles en prouvent essentiellement le défaut, & l'ignorance de l'Art qu'ils exercent, dès que le goût feul leur tient lieu de régles, qu'ils méprifent tous les principes, & par-là font incapables de fentir ni de juger des beautés essentielles de l'Architecture. Malgré le filence que l'on avoit réfolu de garder fur les noms de nos bons Architectes, oferoit-on demander une exception en faveur du Sr. *Souflot* choifi par M. de Vandieres, aujourd'hui Directeur des Bâtimens du Roi, pour l'accompagner & l'inftruire fur cet Art dans fon voyage d'Italie, choix auffi honorable au difcernement de celui qui l'a fait, qu'à l'Architecte. Si on le nomme ici préférablement à fes confrères, l'on ne croit point qu'il leur foit fupérieur en aucune façon, & ce feroit

A a

Edifices à des Régles , & de
croire que les vraies beautés ne
font point un effet du feul goût
& du hazard. Ils ont encore affez.

---

timent feroit bien éloigné du fien & de celui
de l'Auteur ; mais c'eft qu'il a été affez heureux de trouver une occafion , peut-être unique dans un fiècle , d'avoir un Edifice à conftruire d'une auffi grande dépenfe , & d'une
étendue extraordinaire dans l'emplacement le
plus avantageux d'une des plus grandes villes
du Royaume , & où il a pû déployer fans aucune contradiction , le fruit de fes études en
Italie , & fa fcience dans ce bel Art. D'ailleurs
fon Ouvrage n'étant point à portée d'être vû
comme ceux de fes confrères qui habitent Paris , & dont il eft éloigné de cent lieues ,
l'on a cru qu'il étoit de l'honneur de la Nation & même celui de fes confrères de la même Académie d'Architecture , d'en partager
avec lui la gloire , & de faire connoître ce
bel Edifice aux François & aux Etrangers qui
l'ignorent , fans prétendre diminuer en rien le
mérite des autres bons Architectes qui euffent
auffi bien réuffi , s'ils avoient eu l'heureufe &
rare occafion d'un auffi vafte Bâtiment à élever , & dans un lieu auffi favorable.

Ce grand Edifice fait une partie de l'Hôtel-
Dieu de la ville de Lion fur les bords du
Rhône , & fur un quai magnifiquement conf-

de fermeté pour réſiſter aux exemples de la plûpart de leurs confréres qui n'ont point d'autres
principes que leurs caprices &

---

truit. Cette Façade a 170 toiſes de longueur
ſur plus de 12 toiſes de hauteur. Sa longueur
a 17 toiſes de plus que la moitié de la Gallerie du Louvre, ſur la Seine, eſtimée une des
plus grandes qui ſoient dans toute l'Europe.
L'Architecte a placé dans la longueur de cette
façade trois corps avancés, dont celui du milieu eſt une eſpéce de Pavillon avec un Dôme, il a plus de ſaillie que les deux autres,
& un arriere corps. Son avant-corps eſt décoré de 4 Colonnes Ioniques au premier étage &
d'autant de Statues dans l'Attique. L'arriere
corps eſt orné de Pilaſtres du même ordre. Les
deux autres corps avancés de cette façade ne
ſont point aux extrémités où ils auroient été
très-irréguliers, & nullement en relation
avec le Pavillon du milieu, l'œil n'auroit pû
les aſſembler, & eût été par conſéquent fati-
gué de parcourir un ſi long eſpace ſans trouver d'appui, ni d'objet de comparaiſon avec
le ſujet principal qui eſt le corps du milieu. L'Architecte n'a mis entre eux de diſtan-
ce que trois faces du Pavillon, ce qui fait une
conſonance agréable ſelon les principes d'un de
nos plus habiles Architectes le Sr. Briſeux,
qui fait donner toute la beauté de l'Archytec-

Aa ij

celui de ce siècle amateur paſ-
ſioné des écarts de la nouveauté,
de l'ornement, & du colifichet,
ſi oppoſé à la ſimplicité majeſ-

---

ture des Proportions Harmoniques, ce qu'il
a très-bien prouvé dans le ſçavant ouvrage
qu'il vient de publier en 2 volumes *in-folio*.
Ces deux corps avancés ſont décorés en Pilaſtres Ioniques. Toute la Façade eſt percée par
ſoz croiſées rangées ſur deux étages. Celles
du ſecond ſont Mezanines & d'une forme différente dans les trois corps, étant arrondies
par le bas & par le haut qui eſt orné d'un
feſton. L'entablement, qui regne ſur toute la
longueur de la façade, porte une baluſtrade
de même étendue, dont les maſſes, ſeulement
dans les corps avancés, ſont chargés de Lions,
ſimboles de la ville, & des armoiries en ſaillie du Gouverneur M. le Duc de Villeroi. Les
deux étages portent ſur des Arcades au rez-
de-chauſſée qui ont un tiers de plus de hauteur
que les croiſées, & forment un Stilobate en
boſſages comme celui de la place de Ven-
dôme

Cette ſage & regulier proportion a eu les
éloges de tous les connoiſſeurs, & des Architectes françois & étrangers. Elle les mérite
par la beauté & la juſteſſe des proportions de
chaque partie, par le bon goût & la correction
des profils & des

rieuse qu'exige ce bel Art. L'approbation des vrais connoisseurs doit encourager ces Architectes à fournir leur carriere dans ce bon goût, fondé sur des principes invariables auquel le public sera forcé de donner un jour les éloges qu'il mérite, & que l'injustice, l'ignorance, & la légéreté de leurs contemporains veut en

---

nomie que l'on y remarque des Ornemens, où les seuls convenables & absolument nécessaires ont été admis; enfin par la belle harmonie du tout ensemble. On trouvera peu d'Edifices en France & dans le Pays étranger au dessus de celui-ci. Si la Gallerie du Louvre le surpasse en longueur, & par la richesse infiniment supérieure de l'Architecture, par celle des Ornemens & de la Sculpture, celui-ci a l'avantage des proportions & du bon goût, & à cet égard il n'y a entre ces deux Edifices aucune comparaison. Un des grands éloges qu'on puisse lui donner, c'est qu'on a lieu d'assurer qu'il sera mis par nos neveux au nombre des Edifices du beau siècle de Louis XIV. Il a été très-bien gravé par J. F. Blondel, & se trouve chés Jombert, rue Dauphine.

vain leur dérober, en faveur des beautés capricieuses & paffageres des ouvrages qu'ils verront méprifés, & peut-être ridiculifés avant la fin du fiécle, par l'inconftance de la Nation, & par ceux même qui en auront été les plus zélés admirateurs.

J'aurois bien d'autres remarques à faire fur ce grand Art; mais ne m'étant propofé dans ces Réflexions que l'objet de la Peinture, elles feroient déplacées. J'efpére les donner au public dans un écrit particulier, fi ces Réflexions ont le bonheur de lui plaire. Le zéle pour fon bien & l'amour des Arts, & de la Patrie font les feuls motifs qui les ont mis au jour. Heureux fi je puis contribuer aux progrès de ceux qui l'honorent par leurs talens!

FIN.

LETTRE

DE L'AUTEUR

DES RÉFLEXIONS

SUR

QUELQUES CAUSES DE L'ÉTAT PRÉSENT

DE LA PEINTURE

EN FRANCE.

Dans

DAns la premiere Edition, ces Réflexions sur l'état présent de la Peinture en France, étoient suivies d'un Examen des Ouvrages exposés au Louvre en 1746. qu'il ne convient plus aujourd'hui de faire paroître. On a cependant jugé à propos de redonner cette Lettre, qui fut publiée peu de tems après, pour justifier l'Auteur du reproche qu'on lui fit d'avoir osé mettre au jour la Critique des Ouvrages exposés à la suite de ses Réflexions. Il a voulu renouveller la protestation de l'innocence de ses intentions qui n'ont eû pour but uniquement que le zéle pour le bien de la Patrie, & le progrés des beaux Arts.

LETTRE

De l'Auteur des REFLEXIONS fur quelques caufes. de l'état pré-fent de la Peinture en France.

A MONSIEUR ***

JE ne fçaurois trop vous mar-quer ma reconnoiffance, Mon-fieur, de l'attention que vous avez eue, de m'apprendre que mon Ouvrage avoit indifpofé quelques-uns de ceux dont j'ai parlé, & donné lieu à des criti-ques que vous avez la bonté de me communiquer. Cette preuve d'amitié de votre part, m'oblige beaucoup, & je vais tâcher de répondre exactement aux princi-pales.

J'ai déclaré dès le commence-
ment, & je le déclare encore aujourd'hui, que je n'ai jamais conçu le deffein odieux de bleffer
qui que ce foit, ni même de le
défobliger le plus légérement. Je
fçai toute l'injuftice qu'il y auroit
de refufer des louanges à des Ouvrages expofés en public, dès
que l'on eft perfuadé qu'elles leur
font dûes, ou même d'en vouloir
exténuer le mérite, par une critique qui ne feroit pas dans l'exacte équité. Vous me connoiffez
affez pour fentir l'oppofition de
cette idée à mon caractere, ainfi
je n'ai point à me juftifier à cet
égard. Mais j'étois bien éloigné
de penfer que la répréhenfion la
plus ménagée, fût chés la plûpart des hommes une offenfe
réelle. Je vois à prefent combien
le nombre eft petit de ces ames
fortes & affez elevées, pour fen-

tir la nécessité d'une sage critiques, afin d'arriver à la perfection. Les grands génies sont seuls
capables de l'aimer, de la rechercher, d'en connoître le prix,
& d'avouer lui devoir ces traits de
lumiere qui les portent rapidement à la supériorité. Les esprits
d'une moindre étendue, & qui
composent la multitude, aveuglés
la plûpart par l'intérêt, & par
l'amour propre qui les rend éternellement satisfaits de leurs productions, négligent une gloire
qui leur coûteroit du tems & des
travaux. Ils évitent ceux qui vou-
droient les éclairer sur leurs im-
perfections, & leur refuser les
éloges dont les flateurs les cor-
rompent, ou que les ignorans
leur prodiguent de bonne foi.

Vous me dites ensuite qu'une
Critique imprimée doit être irré-
préhensible, & vous ajoûtez que

plufieurs perfonnes ayant trouvé
dans la mienne de la vérité, avec
de la juftefle & de la force dans
les expreffions, ont en même
tems remarqué beaucoup de fautes dans le grammatical de la dic-
tion, & quelques conftructions
obfcures. J'avoue avec fincérité
mes négligences à cet égard,
quoiqu'elles femblent pardonna-
bles à un particulier qui n'eft nullement Auteur de profeffion, &
n'a point envie de le devenir. La
lumiere de l'impreffion me les a
fait appercevoir, lorfqu'il n'étoit
plus tems de les corriger. A mes
propres fautes, l'Imprimeur a encore ajoûté les fiennes. Des mots
entiers oubliés, tranfpofés, des
corrections très - effentielles omi-
fes, inconvéniens inévitables dans
les Ouvrages imprimés chés l'E-
tranger, & loin des yeux de l'Auteur. Vous voulez cependant m'en-

Bb iij

courager en m'affûrant que l'on
ne retireroit aucune utilité de la
Critique, fi l'on préféroit au fonds
des chofes, & à l'avantage de
l'inftruction, l'analyfe fcholaftique
des régles de la Sintaxe. Les Critiques, dites-vous, qui ne tom-
bent que fur des mots, & l'arran-
gement des périodes, font ordinairement affez frivoles, & méritent peu d'attention. Ce n'eft pas
tout à-fait mon fentiment, & je
crois que les penfées les plus juftes préfentées au Lecteur d'une
façon ambigue, obfcure, ou peu
correcte, ne fçauroient plaire en
aucun genre d'écrits, & fur-tout
dans celui de la Critique.

Je m'étois en quelque forte attendu à ce dernier reproche de la
part du Public, & il ne m'a point
furpris. Mais je vous avouerai l'a-
voir beaucoup été, lorfque l'on
m'a inftruit d'un Paradoxe que

l'on s'eſt efforcé d'établir dans une
aſſemblée publique , (*) *Qu'il eſt*
abſolument néceſſaire de profeſſer un
Art pour en parler avec juſteſſe , &
oſer en publier les défauts. Cette
maxime m'a paru fort étrange , &
a trouvé peu de partiſans. Et quels
auroient été nos Hiſtoriens , nos
Orateurs , nos Poëtes, nos Muſi-
ciens , nos Académiciens même
les plus célébres, ſi leurs Confréres avoient eû ſeuls le droit d'examiner leurs Ouvrages , & d'en
juger ? Auroient-ils trouvé des
cenſeurs de bonne foi & des conſeils déſintéreſſés dans leurs concurrens? Rivaux pour la plûpart ,
& ambitieux de la primauté ; l'envie, la complaiſance , les égards ,
la politique , & mille intérêts perſonnels , euſſent fait taire leur
cenſure , & voiler leurs défauts ,
ou même leur donner des éloges.

─────────────────

(*) L'Académie de Peinture.

Ce n'eſt donc que dans la bouche de ces hommes fermes & équitables qui compoſent le Public, & qui ne tiennent aux Artiſtes, ni par le ſang, ni par l'amitie, ni par la profeſſion, que l'on peut trouver le langage de la vérité. L'opinion que je combats, eſt d'autant plus ſingulierement étonnante, que ceux qui en ſont les inventeurs, la condamnent eux-mêmes, en expoſant toutes les années leurs Ouvrages aux jugemens du Public; expoſition qui ne ſeroit plus qu'un vain ſpectacle pour amuſer ſa curioſité, & braver ſa critique uniquement réſervée aux gens de l'Art, & à leurs infaillibles Confréres. Je ne m'arrêterai pas davantage à réfuter ſérieuſement une opinion auſſi nouvelle que dangereuſe, & je penſerai toujours que rien ne ſçauroit être plus utile & plus important aux Arts comme aux Lettres, que les décisions du Public, lorsqu'elles pourront arriver jusqu'aux Auteurs, sans passer par l'organe perfide des adulateurs, ou par celui des admirateurs ignorans. J'y joins encore celui des personnes passionnées & incapables de ménagemens. Ce sont ces égards, dont un galant homme ne sçauroit se dispenser dans la société, qui ne m'ont pas permis de rapporter les sentimens de ce Public tels à beaucoup près qu'il les a prononcés; j'ai eu une attention sévére à émousser, non-seulement le piquant de sa Critique, mais encore à affoiblir la sincérité désobligeante de ses jugemens. Sans cette précaution j'aurois trop humilié l'amour propre de nos Artistes qui s'estiment parfaits. Et quelle révolte n'eût pas causé cette imprudence, puisque mal-

gré tous les adouciffemens que je
me fuis efforcé d'employer, je
n'ai pas laiffé d'en mécontenter
quelques-uns, en rapportant les
jugemens fur leurs Tableaux alors
expofés au Salon ? J'avoue que
j'aurois pû parler en même tems
de leurs Ouvrages d'un bon ton de
couleur, qui fe voyent ailleurs,
& qui décorent plufieurs Eglifes,
& font l'ornement des Maifons
Royales & de nos beaux Hôtels.
Tels font ceux des Sieurs Boucher
& Nattoire à l'Hôtel de Soubife,
& chés M. Orry, Peintres efti-
més, à qui la Nation eft redevable, & fur-tout au Sieur Boucher,
du haut dégré de perfection auquel ils ont porté, conjointement
avec le fçavant Oudri, la Manufacture Royale de Beauvais auffi
renommée aujourd'hui chés l'E-
tranger que dans le Royaume.
Des Talens auffi utiles leur ont

acquis à jufte titre, la réputation
dont ils jouiffent. Cette réputation étant un bien réel qui leur
appartient , d'autant plus précieux, qu'outre la diftinction fla-
teufe du rang , elle ne peut qu'ê-
tre avantageufe à leur fortune ;
rien ne feroit plus contraire à l'é-
quité & au devoir de bon Citoyen , non - feulement de vouloir les en priver , fi la chofe
étoit poffible , mais même d'y
vouloir donner la plus légere at-
teinte.

Je paffe plufieurs endroits de
votre Lettre , pour venir à l'arti-
cle du Portail S. Sulpice. Vous
convenez qu'il n'a point eu le fuffrage du Public , ni celui des
Connoiffeurs , moins encore celui de nos judicieux Architectes ;
foit par l'affemblage de cette multitude de colomnes , dont la diftribution n'eft point heureufe ,

soit par l'ordonnance & la composition du total, qui n'eſt convenable ni au lieu, ni au reſte de l'Edifice, ſoit enfin par beaucoup d'autres défauts, dont l'énumération ſeroit trop longue. Vous ajoûtez enſuite, qu'il ſembleroit par la façon dont j'en ai parlé, que l'Auteur de ce Portail ſeroit encore coupable du goût médiocre de l'intérieur de l'Egliſe. Je ſçai, M. qu'il n'y a point eu de part, la Tribune exceptée; mais ayant été vivement frappé de l'injure faite à nos Architectes François Académiciens, par la préférence d'un Etranger qui ne leur eſt nullement ſupérieur dans la ſcience de la bonne Architecture, pour un ouvrage auſſi important & d'une dépenſe immenſe & incroyable; j'avoue que je puis avoir été trop loin, & même injuſte dans la qualification que je lui ai donnée. Quoique je fois tombé d'accord avec tout le monde de fa grande capacité & de la fécondité de fon génie dans la partie de la décoration & de la mécanique qui en dépend , foit pour le Théâtre , foit pour la magnificence des Fêtes publiques. Je pourrois même encore ajoûter à ce talent, celui des Tableaux d'Architecture pour les Cabinets, y ayant dans les fiens des effets pittorefques fçavans & affez heureux. Mais permettez-moi de vous faire remarquer en paffant , qu'il eft très - rare , que même les meilleurs Peintres d'Architecture foient d'excellens Architectes; je pourrois même avancer que c'eft une chofe prefque impoffible aux grands Décorateurs , & en voici la raifon. Accoutumés à prodiguer les embelliffemens néceffaires à l'illufion du Spectacle , & à l'éclat

des Décorations qui les obligent
de multiplier les parties qui en
font la richeffe & la fomptuofité ,
ils facrifient toujours aux faillies
de leur imagination & aux écarts
fi chers aux Ultramontains , cette
fage fimplicité , qui fait feule la
grandeur & la nobleffe d'Archi-
tééture. Ils ne fçauroient eftimer
ni pratiquer cette fçavante économie des beautés, dont les Man-
fart, les de Broffe , les Perrault,
&c. ont été fi avares. Economie
qui a fait la célébrité de leurs Edifices élevés fous Louis XIV , &
fupérieurs à tous ceux de leurs
contemporains dans l'Europe , &
principalement dans la fuperbe
façade du nouveau Louvre ; Ouvrage d'une perfeétion fublime ,
& dont l'afpeét feroit fi frappant
par fa majefté & fa magnificence
qu'il auroit la primauté en ce genre, fur tous ceux qui font connus.

Je viens à la fin de votre Lettre, & au dernier reproche qui m'a été fait, d'avoir gardé l'Incognito. L'on s'eft efforcé, dites-vous, de jetter un caractere odieux fur toute Critique anonime. La fingularité de ce reproche ne m'a pas moins étonné que celle du Paradoxe que j'ai combattu ci-deffus. Non-feulement je ne me crois pas coupable de ne m'être point nommé, mais je penfe encore avec un de nos plus grands Ecrivains, qu'il n'eft jamais permis à qui que ce foit de le faire, quelque modefte & quelque équitable que foit fa Critique. N'eft-ce pas défier le Public, & lui dire hardiment que l'on ne craint point la cenfure des décifions que l'on publie, dès que l'on ofe fe montrer à vifage découvert ? Et d'ailleurs, quelle autorité autoit pû donner à ma Critique le

nom d'un inconnu ? Si mes remarques fur les défauts des Ouvrages expofés font vraies, qu'im-
porte de quelle part vienne la vérité à ceux qui la défirent ? Si elles font fauffes, elles ne méritent
que du mépris, étant l'ouvrage
d'un Anonime. En me nommant,
n'aurois-je pas affiché l'envie de
tirer de la vanité & de la réputation de ma Critique ; & j'ai déclaré dans mes Réflexions que
je renonçois entiérement à cette
frivole gloire, en expofant en peu
de mots les motifs qui m'ont déterminé à les écrire, & que je
vais vous dire ici un peu plus au
long.

La paffion née avec moi pour
les beaux Arts ; l'étude finguliére
& approfondie de ce qui conftitue
leurs vraies beautés, que j'ai faite
dans toute l'étendue du Royaume, pendant mon féjour en Flandre,

dre; & en Hollande, où j'ai examiné avec réflexion les chefs-d'œuvres des grands Maîtres d'Italie, d'Allemagne, & des Pays-bas que l'on y trouve en abondance. Un commerce long & fréquent, & de ſolides raiſonnemens avec les plus grands Peintres de notre Nation dont je regrette tous les jours la perte, & en dernier lieu avec le Sr. le Moine, dont la docilité & la prévention à mon égard ont été au point de faire pluſieurs changemens ſur mes remarques dans ſon incomparable plat-fond de Verſailles. Un ſentiment vif des expreſſions fines & touchantes de cet Art divin, dont le but eſt d'élever l'ame du ſpectateur, de la remuer, & tout-au-moins d'exciter l'admiration, quand il ne peut inſtruire. Enfin un intérêt très-vif pour ſes progrès parmi

C c

nous : mais par-deffus tout, le zéle ardent & courageux d'un Citoyen, à expofer les abus qui deshonorent fa Nation, & contribuer à fa gloire, en propofant les moyens les plus prompts & les plus faciles d'y remédier. Voilà les feules raifons qui m'ont mis la plume à la main, & m'ont attiré des remecimens de tous les bons François.

Vous m'exhortez en finiffant, & vous me preffez vivement de donner une nouvelle édition de ce petit Ecrit extrêmement correcte, avec des Remarques fur les Ouvrages nouvellement expofés au Louvre. Vous me dites, pour m'y engager, que j'aurois cette année-ci un vafte champ pour la Critique, fur-tout dans le genre de l'Hiftoire. Voilà précifément, M. ce qui m'oblige d'y renoncer. Vous êtes encore

bien éloigné de me connoître, fi
vous ignorez ma difpofition naturelle à louer, & mon antipathie
à blâmer, & à publier ce qui peut
faire tort à l'honneur de la Nation dans les Ouvrages de notre
Ecole. Je ne puis affez montrer
ma joye & ma fatisfaction en
voyant les vraies beautés de
nos Peintres ; j'aime à les fentir
& à les faire fentir, à les dé-
tailler, & même à les exagerer
aux Spectateurs. Mais je vous
avoue en même tems la douleur
que m'a caufé cette année-ci la
ftérilité de nos Peintres d'Hiftoi-
toire, à l'expofition des Tableaux
pour S. M. Douleur qui a été
vivement augmentée par les plaintes du Public, du défaut de génie dans le choix des Sujets, &
de la froideur & de la médiocrité
dans l'exécution. On convient cependant qu'il y en a quelques-uns

à excepter, & où il y a de vraies
beautés : Ce qui a sur-tout excité
les regrets les plus unanimes, ç'a
été le progrès rétrograde de ceux
mêmes dont les Ouvrages nous
avoient comblés de joie l'année
derniere, par les espérances d'une
prochaine perfection. Est-ce le défaut de Mécènes & de Protecteurs ? Eh, que pouvoit faire de
plus avantageux à la Peinture, la
Personne à qui S. M. a confié le
soin du soutien & de l'avancement
des beaux Arts, que d'encourager nos Peintres d'Histoire par des
récompenses ? Seroit-ce dans celui que le Roi a nommé son premier Peintre, un manquement
de zéle & d'ardeur pour exciter,
& pour perfectionner les talens de
ses Confréres ? Encore moins,
puisque l'on ne sçauroit s'en ac-
quitter avec plus d'activité & d'intelligence. Quelle est donc la

fource de la langueur & de la léthargie préfente de notre Ecole? fi ce n'eft l'amour propre de ceux qui la compofent, dont la plûpart adorateurs de leurs productions, & n'imaginant rien qui leur puiffe être fupérieur, contents de leurs idées, dédaignent les jugemens des perfonnes éclairées & févéres, & les fentimens de ceux dont la juftefffe & l'élevation du génie, feroit capable de les ramener au bon goût, de leur ouvrir de nouvelles routes, d'échauffer leur ame & leurs compofitions muettes & inanimées par des traits d'éloquence & de vie. Ceux qui ont été choifis cette année pour travailler aux Tableaux du Roi, méritent cependant quelque indulgence, n'ayant pas eu, à ce qu'ils difent, tout le tems néceffaire pour imaginer de grands Sujets, ni porter leurs Ou-

vrages à une certaine perfection.
L'on sçait que le Peintre inventeur & original est autant que le
grand Poëte, susceptible de ce
beau feu, de cet enthousiasme,
auquel on ne commande point,
& dont il faut attendre l'inspira-
tion. Mais n'auroient-ils pas eu
assez de loisir pour chercher des
traits d'Histoire ou de Fable plus
intéressans & moins usés, ou qui
n'eussent pas été traités divine-
ment par nos plus grands Maîtres ?
C'est en ce cas qu'un Peintre es-
timé, en répétant & en affoiblis-
fant nécessairement par la répétition une pensée excellemment
rendue, & au-dessus de laquelle
il ne sçauroit s'élever, tombe en
ce moment dans le rang abject
du Plagiaire, & au-dessous de son
mérite personnel par la comparaison. D'autant plus imprudent
de lutter avec des Peintres du pre-

mier ordre , qu'il fentira moins
l'inégalité de force dans le génie ,
& qu'il lui manque cette chaleur
d'imagination fi néceffaire pour
l'expreffion du grand beau , & de
ce pathétique qui frappe & qui
émeut par les mouvemens & les
pofitions éloquentes de fes Figures. Il ignore même fon incapacité à imaginer ces phifio-
nomies de caractére , qui donnent la vie aux perfonnages , &
les font parler à nos regards par
leur nobleffe , leur décence , &
ce qui eft bien effentiel , par le
jeu des traits du vifage rélatif à
leur rolle , & convenable à leur
place ; enfin par cette expreffion
d'ame & de fentiment qui doit
fuppléer à la parole , & fans laquelle tout Tableau d'Hiftoire
n'eft que de la toile & des couleurs.

Un coup d'œil jetté fur les Ouvrages admirables qui décorent cette belle Gallerie où font expofés les nouveaux Tableaux, & où l'immortel le Brun a déployé l'étendue immenfe de fon génie, inftruira plus en un inftant fur la richeffe de l'Ordonnance & la fublime vérité de l'expreffion, que l'ennui d'un plus long difcours. Qu'il me foit permis au fujet des chefs - d'œuvres de Peinture que l'on admire dans cette Gallerie, de publier les allarmes de tout Paris fur leur prochain dépériffement, par la négligence à laquelle font abandonnées ces célébres Batailles d'Alexandre qui ont porté par le fecours des Eftampes dans tout l'Univers, la gloire de leur Auteur & de la Nation, & la perfection de notre Ecole dans fes plus beaux jours.

Je n'ai garde d'entrer, ainfi que

que je vous l'ai promis , dans aucun examen particulier des beautés ni des défauts d'un feul des
-Tableaux expofés. Je m'en tien-
drai exactement à ce que je viens
de vous en dire.

Après m'avoir exhorté dans votre Lettre à continuer ma Critique par l'abondance de la matiére , vous faites un dernier effort
pour me vaincre par les fentimens de reconnoiffance que je
dois , dites-vous , au Public de
l'accueil qu'il a fait à mon Ouvrage. J'aurai l'honneur de vous
répondre , que quelque agréable
que m'ait été cet accueil , je crois
le devoir bien moins à la valeur
de l'Ecrit , qu'au goût de ce Public
pour tout ouvrage de Critique.
J'aurois cependant à me féliciter
du fuffrage honorable qu'il a obtenu de quelques perfonnes d'un
grand nom & du premier ordre ;

D d

& particuliérement d'un Magiftrat dans une place élevée, chés
qui l'amour & la connoiſſance des
beaux Arts ſemblent égaler le zéle ardent pour le bonheur de ſa
Patrie qui fait toute ſon ambition, & l'objet de ſes travaux. Je
pourrois encore parler de la ſatif-
faction très - flateuſe que m'ont
donné les témoignages de reconnoiſſance de quelques Artiſtes ,
qui non-ſeulement ont ſouſcrit à
ma Critique , mais qui ont encore eu le courage d'en profiter
en corrigeant leurs défauts. Cependant j'avouerai avec franchiſe ,
que toutes ces ſatisfactions n'ont
pû balancer la peine que m'ont
fait les mécontentemens de quelques perſonnes. Je ne puis donc
me rendre à vos ſollicitations de
travailler à l'examen des Ouvrages nouvellement expoſés, & auquel un nombre infini de perſon-

nés m'ont invité. Quelque utilité
que je m'y propofe, les moyens
en font trop pénibles à un homme vrai, & les fuccès prefque
toujours douteux. Peu idolâtre de
l'encens du Public qui n'eft qu'u-
ne vaine fumée, un éclair qui
difparoît prefque auffi-tôt qu'il a
brillé ; je fuis aujourd'hui plus
convaincu que jamais de l'erreur
de ceux qui dans un état privé &
fans befoins, facrifient au zéle
pour la Patrie, & au nom frivole
d'homme de goût, les deux feuls
biens dignes à mon gré de notre
ambition, la tranquillité & l'indépendance. Tréfors précieux &
divins ! mais dont les hommes
ignorent le prix. Je dis la tranquillité, parce qu'il n'eft plus de
repos pour un Ecrivain qui efpére follement fatisfaire le Public,
en répondant à fes Critiques. Si
j'ajoûte l'indépendance, c'eft que

tout Auteur porté les fers de la
bizarrerie de ce Public & de fa
malignité. Je viens de l'éprouver
à l'occafion de ce petit Ouvrage,
où l'on s'eft efforcé de traveftir
en contre-vérités, & de donner un
fens ironique & malin aux éloges
les plus fincéres d'une perfonne
en place, & de qui les beaux
Arts ont à fe féliciter de la protection & des récompenfes. Comment pourrois-je donc préférer
ces dégoûts & cet efclavage, à la
douceur d'une heureufe obfcurité,
où imperceptible aux hommes
méchans & hors de la portée de
leurs traits, je n'interromps mon
loifir que par une attention agréable à cultiver l'eftime, & à jouir
de l'amitie d'un petit nombre de
perfonnes que j'ai éprouvées dignes de la mienne? Là, content
du titre de Philofophe ignoré &
qu'on ne lit point, je fens que

ce peu d'amis que l'on connoît ,
valent cent lecteurs que l'on ignore. D'ailleurs , quand j'aurois le
bonheur de plaire à tous les efprits , ce qui eft impoffible ,
ce ne feroit point impunément.
L'envie eft toujours à côté du
fuccès , & s'il eft un plaifir , il
coûte trop cher aux bons cœurs ,
dès qu'il leur attire le plus petit
ennemi , malgré l'intention la
plus louable. C'eft ce dont vous
avez eu la bonté de m'avertir ,
Mr. au fujet de mon Ouvrage.
Je ne m'étois point flatté d'être
infaillible , & j'avoue de bonne
foi, que je puis m'être trompé
dans mes Remarques; mais j'a-
voue en même tems être prêt à
me rétracter dès que l'on m'aura
convaincu d'erreur. Eh quel homme en eft exempt , puifqu'elle eft
le partage de l'humanité ! En attendant cette grace du Public ,

je goûte dès-à-préſent dans cet aveu de mes fautes, la ſatisfaction la plus ſenſible à tout Homme qui aime la vérité, & qui cherche de tout ſon cœur à la connoître.

Aberrare à Vero humanum eſt, fateri divinum.

Juſt. Lipſ.

Je ſuis, MONSIEUR, &c.

LETTRE

A

L'AUTEUR

DU

MERCURE.

_____

LETTRE

A l'Auteur du MERCURE, *contenant une justification de l'Auteur sur des Brochures qu'on lui a injustement attribuées.*

JE vous fais, Mr. des remercimens très-sincéres de la façon obligeante dont vous avez parlé de l'Ombre du grand Colbert dans le Mercure, & je vous prie de croire que j'y suis très-sensible. Je ne l'ai pas moins été à l'accueil que le Public a fait à cet ouvrage. Quelle a été ma joye d'avoir trouvé un si grand nombre de Citoyens & de vrais François qui soupirent après le rétablissement de l'honneur & de la décence du Louvre, & la liberté de fa façade ! qui défirent de tout leur cœur, & contribueroiént de leur propre bien à l'achevement d'un Édifice qui feroit la gloire de la Nation, le monument le plus fuperbe du régne de Louis XV, & dont le feul afpeĉt publieroit avec autant d'éclat que toutes les bouches de la Renommée, la fublimité du goût François.

Mon deſſein dans la réſurrection de Colbert, ce Miniſtre immortel, a été de reſſuſciter avec lui la grandeur, & l'ancienné vigueur du génie de la Nation, non - feulement dans les beaux Arts, mais dans tout ce qui peut fervir à la puiſſance & à la fplendeur de ce Royaume, & d'engager ceux qui difpofent des génies & des talens, à les relever de l'état d'abaiſſement & de médiocrité où ils font tombés. Si mon deſſein n'a malheureuſement aucun effet , ſoit par la révolution prodigieuſe qu'un tems fort court a fait ſur nos eſprits , ſoit par la fatalité des circonſtances , au moins j'aurai la gloire d'avoir défendu le bon goût contre les abus & l'ignorance qui lui portent tous les jours des coups funeſtes , & lui font des playes incurables. J'aurai chés la poſtérité le triſte honneur d'avoir vû mes efforts applaudis par tous les vrais Citoyens & les généreux François mes contemporains, non-ſeulement par ceux de la Nation qui ſont dans les premieres places , mais encore par les plus illuſtres Etrangers.

Je viens au ſujet de cette Lettre. Vous avez dit , Mr. en parlant de l'Ombre du grand Colbert, *Que ſon Auteur étoit déja*

*connu par d'autres ouvrages fur
les beaux Arts.* Ayant appris de
plufieurs perfonnes que l'on m'a
attribué les brochures fur cette
matiére, où l'on a critiqué très-
durement quelques ouvrages de
nos Peintres & de nos Sculpteurs
qui ont le plus de réputation,
j'ai l'honneur de vous écrire pour
me plaindre d'une imputation
auffi injufte & auffi fauffe. Après
la Lettre que je donnai à la fuite
de mes Réflexions fur les caufes
de l'état préfent de la Peinture
en France, où j'expofai mes fentimens à ce fujet, aurois-je dû
m'attendre à une calomnie qui
m'a été extrémement fenfible? J'y
avois dit, *qu'attaquer fans mena-
gemens les talens d'un Artifte, &
la réputation qu'ils lui ont acquife,
c'étoit lui enlever non-feulement la
fatisfaction qui fait le bonheur de*

sa vie, je veux dire l'opinion de l'excellence de ses ouvrages, mais encore lui ravir le fruit de ses travaux, & tarir la source de sa fortune en ruinant sa réputation, son bien le plus flateur & le plus solide. Quelle apparence qu'après m'être élevé contre cette injustice, & sans aucun intérêt que celui de l'équité & du bien général de nos grands Artistes, je me susse rétracté aussi indignement & presque au même instant ! Et d'ailleurs quel est le but de mes Ecrits ? N'est-ce pas uniquement le progrès des Arts & leur perfection ? Comment donc aurois-je pris une voie aussi opposée à mon dessein, que celle de blesser l'amour propre de ceux qui y peuvent le plus contribuer, avec les armes les plus offensantes ? Parfaitement convaincu qu'une Critique violente & grossiérement

fincére n'a jamais produit que la
haine du Cenfeur, & ce qui eft
bien plus important, le découra-
gement de l'offenfé. Je ne parle
point des torts que ces Critiques ont dû faire aux Ouvrages
expofés, en prévenant contre eux
ceux pour qui ils étoient deftinés. Attentat à la fortune de leurs
Auteurs, que j'eftime très-grave,
& dont je me croirois irrépara-
blement coupable.

Il eft douloureux pour moi de
n'avoir pu perfuader par *le ton*
de mes Écrits, que je ne fuis critique ni par goût, ni par humeur,
& encore moins par intérêt ;
mon état étant fans befoins, &
ayant en horreur les reffources
infâmes d'une plume vénale, ou
chargée de fiel, que la malignité de l'homme & fes goûts per-
vers ne rendent que trop fûrement & trop facilement lucrati-

ves & avantageufes à fa fortune.

On auroit tort cependant de conclure de la facilité d'une Critique amere & fans égards , celle d'une Critique modérée & en mêtems utile , ni qu'elle fût même plus aifée que la louange. Je crois qu'une cenfure armée de traits perçans & empoifonnés, qui affligent & qui défefpérent , une cenfure impétueufe , qui ne connoît de frein que la licence , & de juftice que fa paffion , coûte peu à l'efprit abondamment aidé de la corruption du cœur. Mais une cenfure exacte , & en même tems douce & modefte , qui ne veut point briller par l'étalage de fes connoiffances , ni trop humilier l'amour propre en levant entiérement le rideau , mais feulement faire appercevoir aux Auteurs des fautes abfolument invifibles à leurs yeux : une Cenfure adroite , dé-

tournée, ou voilée fous une fiction qui préfente les défauts à
leurs regards obliquement & comme dans un miroir de réflexion ;
qui toujours attentive à ne point
bleffer, n'a pour armes qu'un
compas & une balance que ni la
prévention, ni les antipathies de
caprice, ni aucun intérêt perfonnel ne fçauroient faire incliner
par de faux poids, & qui cependant ait affez d'attrait, & de force pour plaire & pour corriger,
non, non, cette façon de criti-
quer, la feule qui convienne à
un galant homme, n'eft point
aifée, & je la tiens beaucoup plus
difficile que la louange ; cet art
eft fi funefte à tous les hommes
dont il accroît l'orgueil inné, &
corrompt toutes leurs idées, &
fur-tout leurs fentimens fur leurs
productions.

Je déclare donc non feulement
que

que je n'ai aucune part à ces brochures qui contiennent des Critiques indécentes, & ſi peu meſu-
ſurées pour les expreſſions ; mais
j'ajoûte encore que je les blâme
haûtement, en convenant cependant que la plûpart des ouvrages qui y ſont critiqués, je ne
dis pas tous, le ſont avec connoiſſance, & qu'il n'y manque
que le ton & la maniere. J'avoue
encore que l'on y trouve des réflexions ſenſées, & des projets
dont l'exécution ſeroit fort avan-
tageuſe à l'embelliſſement de Paris & au bon ordre, auſſi bien
qu'aux progrès des Arts. Vous
m'obligerez, Monſieur, en mettant dans votre Mercure cette dé-
claration, ou plu-tôt ce renouvellement public de mes ſentimens. J'ai l'honneur d'être, &c.

D. L. F. D. S. Y.

Ee

REMERCIMENT

DES HABITANS

DE LA VILLE DE PARIS

A SA MAJESTÉ,

AU SUJET DE L'ACHEVEMENT

DU LOUVRE.

Ee ij

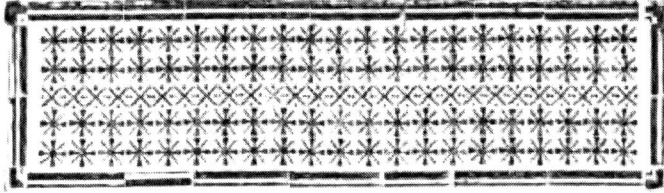

REMERCIMENT

DES HABITANS

DE LA VILLE DE PARIS

A SA MAJESTÉ,

AU SUJET DE L'ACHEVEMENT

DU LOUVRE.

IRE;

ENFIN les vœux de Vos Sujets font exaucés. Vous avez décidé du fort de l'Edifice de Votre Royaume le plus important à Votre gloire & à la fienne, & Vos ordres font donnés pour achever le Louvre. Il n'appartient qu'aux grands Rois d'étonner la postérité par des Monumens qui immortalisent leur Regne, & le Louvre seul pouvoit remplir cet auguste projet.

C'étoit depuis long-tems un sujet de douleur bien sensible aux vrais François & aux Citoyens zélés pour leur Patrie, d'avoir dans le sein de leur Capitale un Palais d'une aussi rare beauté, & de le voir non-seulement imparfait, & livré par son abandon à une ruine prochaine ; mais encore enseveli dans les deshonneur, & fermé aux regards même de Votre peuple, & à l'admiration des Etrangers. Nous avions d'autant plus lieu de gémir sur son déplorable état, que ce superbe Péristile est l'ouvrage d'un François, & peut-être le plus honorable à la France. Eh !

qu'eft-ce qui fait la gloire d'une Nation ? Qu'eft-ce qui met le fceau éternel à fa véritable grandeur , finon fes chefs - d'œuvres dans les Lettres & dans les Arts ? Si Paris n'eût eu qu'un exemplaire des ouvrages divins de Corneille, de Racine & de Moliere ; & qu'un ordre bizarre, mais abfolu, l'eût enfermé dans un cabinet inacceffible, de quelles ténébres cette barbarie eût obfcurci le génie François , fupérieur par fes immortelles productions aux modéles même les plus parfaits de l'Antiquité? A quel état humiliant de médiocrité , cet attentat eût fixé fa réputation qui remplit aujourd'hui les deux Hémifphéres , & que nos meilleurs écrits préfens & à venir n'euffent peut-être jamais élevé au même point de grandeur ! Comment aurions-nous pû , fans la publicité

de ces glorieux titres, convaincre tous les peuples ſçavans de
l'Europe de notre primauté Littéraire, & ſur-tout dans le double Poëme Théatral ? Il en eſt de
même, S I R E, de l'ouvrage admirable de Perrault, & de la ſublime ordonnance de ces majeſ-
tueux Portiques, rivaux de ceux
d'Athènes & de Rome par leurs
ſçavantes proportions, & leur
magnifique étendue, qui forment
la ſuperbe façade de votre Palais.
Elevés au milieu de nous, & interdits à nos regards, on eût été
réduit à les admirer dans des deſ-
criptions, ou dans des gravures.
Mais quelle froide admiration !
Quel parallele en Architecture de
la vûe des deſſins, avec celle
du corps de l'édifice ! N'eſt - ce
pas celui de l'ombre avec la réalité ? L'aſpect ſeul de la grandeur
de toutes ſes parties, de la juſteſſe

teſſe de leurs proportions , & de l'harmonie qui en réſulte, porte à l'ame cette impreſſion de ma- jeſté qui la ravit , & que rien ne ſçauroit égaler ni ſuppléer.

Combien d'Etrangers dans l'impuiſſance de venir à Paris , ont eſtimée impraticable l'éléva- tion de ce merveilleux Palais ſur les deſſins gravés qui leur en font parvenus ! Pluſieurs Architectes concurrens de Perrault , jaloux de l'excellence & du ſuccès de ſon deſſin préſenté à Louis XIV. , & ne pouvant déſavouer la ſubli- mité de ſon ordonnance qui for- ça l'envie même à l'approbation , ſe vengerent en ſoutenant ſon exécution impoſſible. Quel pro- jet chimérique , dirent-ils , de vouloir élever une Architecture ſo- lide ſur de telles proportions ? A-t- on l'exemple de quelqu'édifice où les architraves & les plat-fonds ,

F f

aient une portée de cette étendue dans les entre-colonnes ? A
peine l'entablement & l'attique
feront conftruits, que l'on verra
ces plattes-bandes fi hardies s'af-
faiffer, & entraîner la ruine de
l'édifice. Génies vulgaires ! Cen-
feurs aveugles ! qui ignoroïent les
reffources de ce grand Architecte dans la fcience du Trait, & de
la Coupe des pierres ; fcience qui
tient du prodige, & dont l'œil
admire d'autant plus les merveilles, qu'il les voit avec effroi. Ce
fut par elles que Perrault triom-
pha fans peine des impoffibilités
qu'on lui oppofoit.

Colbert, fortement perfuadé
que fans l'étude des hommes &
de leur valeur, le Monarque eft
fans force, & le Miniftre fans réputation, non-feulement connoiffoit les grands talens, mais il les
mefuroit au point de calculer les

différences de leur étendue. Sûr
de celle de Perrault, il méprife
les prédictions de fes envieux,
quoiqu'importantes en apparence, & adopte fon plan avec une
hardieffe tranquille. On travaille à
l'exécution, l'ouvrage s'éleve, &
leurs cris continuent. Qu'eft-il arrivé ? Le tems a démontré leur
ignorance, & éternifé l'habileté
de l'Architecte. Depuis foixante
& dix-neuf ans ce miracle de
l'art, cette Colonnade fubfifte
avec autant de fermeté & d'im-
mobilité dans toutes fes parties,
qu'aux premiers jours de fa conftruction.

Rien n'eût manqué, SIRE,
aux défirs de vos Sujets, ni au
fuprême honneur du Louvre, s'il
eût pu voir l'Image de fon Bienfaiteur placée à fon entrée, ne
pouvant jouir du bonheur de le
poffléder. Mais ç'eût été pour lui

F f ij

trop de faveurs à la fois, après celle d'avoir été tiré de son avilissement, & rendu à la décence. Bien-tôt l'exécution de Vos ordres, va impofer filence à nos Voifins. Bien-tôt nous n'aurons plus à rougir de leurs reproches humilians de légéreté & de mépris pour nos plus excellentes productions, dès qu'elles ont perdu le mérite national, fupérieur à tous les autres, celui de la nouveauté.

Quelle joye pour les habitans de cette Ville, SIRE, & pour tous les François, lorfque ces bâtimens indécens, ennemis de Votre gloire & de la nôtre, tomberont à la voix de Votre Majefté, & que leur chûte nous découvrira le plus magnifique fpectacle en ce genre dont les yeux puiffent être frappés ! Quel beau jour pour cette Capitale ! C'eft alors que toutes les voix de vos Sujets déja réunies pour bénir le Monarque qui a donné si généreusement à toute l'Europe une Paix si désirée & si long-tems attendue , formeront de nouveaux concerts d'acclamations pour rendre graces à Votre Majesté d'en avoir employé les avantages & les heureux loisirs à relever le goût des Arts , & à donner de l'émulation aux Talens par le libre aspect & la perfection de ce modéle incomparable.

Ce témoin authentique & éternel de la sublimité du génie de la Nation , nous Vous le devrons uniquement , SIRE. Il a illuftré le regne de Votre Prédécesseur , il immortalisera le Vôtre. Louis XIV. l'a enfanté & presque abandonné dès sa naissance par le malheur des guerres & la fatalité des tems , Louis XV.

après avoir donné la Paix à ſes Sujets, l'aura porté à ſon plus haut
dégré de ſplendeur.

Et Vous , dont la vigilance &
l'habileté concourent ſi heureuſement au bien de l'Etat , auſſi ſages Miniſtres , que Citoyens ar-
dens pour l'honneur de la Patrie
& la gloire de votre Roi , qui
avez reçû de ſes bontés, des ordres ſi favorables à nos déſirs :
Vous (*), dont le nom illuſtre
eſt depuis ſi long-tems en vénération à tous les Citoyens , & a
mérité à tant de titres la confiance
la plus intime & la plus diſtin-
guée de nos Rois pour le Gouvernement important de leur Capitale , modéle de celui de toutes les
Villes du Royaume ; Vous, (**) fi-
le diſpenſateur de ſes tréſors , inftruit par la nobleſſe de vos ſentimens , que le plus digne uſage

---

(*) Monſeigneur le Duc de Gêvres,
(**) Mr. le Contrôleur général.

dés richeffes du Souverain, après le foulagement de fes peuples, c'eft de les employer à éternifer la mémoire de fon Regne par de célébres Monumens ; que ne vous devra pas la Ville de Paris, pour avoir applani toutes les voies à ce fujet, que d'autres Miniftres moins jaloux de la grandeur des François & de leur propre gloire, auroient pû fermer dans les tems les plus favorables ! Vous enfin, (*) entre les mains de qui Sa Majefté a dépofé le foin particulier & l'honneur de fes Palais, auffi-bien que celui des beaux Arts, & qui juftifiez tous les jours fon choix par votre zéle pour leurs progrès, & la fage diftribution de fes récompenfes ; Vos noms précieux à toute la nation, vont marquer l'époque de fa gloire. Unis au nom facré de Sa Ma-

---

(*) Mr. le Directeur général des Bâtimens, Arts, & Manufactures Royales.

jefté , ils feront gravés encore plus
profondément dans nos cœurs que
fur les marbres & les métaux qui
les attendent pour les annoncer
à toute la terre. Ils publieront
éternellement que la magnificence de Louis XV. a donné à la
France fon Palais achevé ; mais
ils diront en même - tems que
c'eft votre activité , & votre ambition pour la célébrité de fon Regne , qui en ont hâté , foutenu &
perfectionné les travaux.

Heureux vos Sujets , grand
Roi, fi leur zéle pour la Patrie eft
un hommage digne de Vous , & fi
la durée immortelle de ce Monument , en apprenant Votre grandeur à la poftérité , peut l'inftruire
encore de leur amour & de leur
reconnoiffance. Ce font les vœux,
SIRE ,

De vos.très-foumis , très-fidéles ,
& très-affectionnés Sujets.
LES HABITANS DE LA VILLE DE PARIS.

ODE

SUR

LES PROGRÈS

DE LA

PEINTURE

SOUS LE REGNE

DE LOUIS LE GRAND.

1725.

ODE

SUR LES PROGRÈS

DE LA

PEINTURE

SOUS LOUIS XIV.
1725.

QUEL prodige m'éleve au-deſſus du ton-
     nere ?
Sur des aîles de feu j'abandonne la terre ;
Je vois les Immortels & la céleſte Cour :
En vain le Dieu du jour m'y vient offrir ſa
     lire ,
J'abjure ſes tranſports , ſes fureurs , ſon dé-
     lire ;
Un plus paiſible Dieu m'inſpire en ce grand
     jour.

C'eſt Louis. Je le vois aſſis au-près d'Aſ-
 trée ,

Faire encor nos deſtins du haut de l'Empirée ,

Et ſon plus doux bonheur du bonheur des mortels :

Dans le conſeil des Dieux ſa grande ame pré-
 ſide ,

Aſſiſe au même rang & d'Auguſte & d'Alci-
 de ,

Je la vois partager l'encens de leurs autels.

❧❧

Que tes regards, Louis, enflamment mon
 courage :

Qu'ils prêtent à mes chants un ſublime langage ,

Pour célébrer les Arts illuſtrés par tes loix :

Aujourd'hui du Pinceau je vais chanter la
 gloire ,

Et graver en airain au temple de Mémoire ,

Fin de l'In- Les noms les plus fameux des Apelles Fran-
vocation. çois.

❧❧

Le plus grand des Valois (*) en vain dans
      fa Patrie
Appelle les beaux Arts , & leur donne la vie ,
Le démon de la guerre étouffe fes projets :
La France après fa mort, féconde en funé-
      railles ,
Voit par un fer facré (**) déchirer fes en-
      trailles ,
Et fes Rois immolés par leurs propres Sujets.

La féroce Bellone aux Lettres fi fatale ,
Replongeoit les Talens dans la nuit infernale ,
Et livroit la Science & les Arts au mépris :
Quand d'un fiècle nouveau l'aurore étincel-
      lante
Annonça de beaux jours , confola notre at-
      tente ;
Et deffillant les yeux , éclaira les efprits.

Savant appui des Arts , Séguier Minif-
      tre illuftre ,

─────────────

(*) François Premier.
(**) Les guerres de la Religion.

Le Pinceau des François te doit son premier
 luſtre ,

Et Voüet eût vû sans toi ſes talens enfouis :

Ses diſciples fameux , plus ſavans que leur
 Maître ,

Mignard , le Brun , Sueur feront bientôt connoître

Que Voüet devoit former des Peintres pour
 Louis.

Louis enfin paroît. Tout change à ſa préſence :

L'erreur, & le faux goût , l'orgueilleuſe ignorance

Trébuchent dans l'abîme aux éclairs de ſes
 yeux :

Minerve fait marcher les beaux Arts ſur ſes
 traces ;

Elle répand ſur eux la dignité, les graces,

Et ce feu (*) dérobé dans le tréſor des
 Dieux.

_____

(*) Le Génie.

De l'efprit de Louis Colbert dépofitaire
Fut bientôt des Savans l'infatigable pere ,
Et nos bienfaits pour eux franchirent les
    deux mers :
Le mérite fous lui , sûr de fa récompenfe ,
Accourt de toute part pour admirer en
    France
Ce Roi dont le nom feul occupe l'univers.

Poëte , Hiftorien , mâle & favant génie ,
Pouffin par fes travaux étonne l'Italie ,
Et reçoit de fes mains un laurier immortel :
Heureux , fi moins charmé des antiques
    Sculptures ,
Il eût mis plus de feu dans fes doctes figures !
Son nom eût égalé celui de Raphaël.

A peine aux yeux favans le Brun fe fait
    connoître ,
Que les maîtres de l'Art le préfagent leur
    maître ,
Et de fon premier vol cet aigle atteint les
    Cieux :

Quelles expreffions ! quelle grandeur d'idée !
De l'orgueilleux Romain l'Ecole intimidée
Croit ce Zeuxis François infpiré par les
    Dieux.

Cependant du haut du rang, que la gloi-
    re lui marque,
Le Brun fut defcendu , fi la jaloufe Par-
    que (*)
N'eût tranché du Sueur les jours trop tôt
    fameux :
Sublime imitateur de la belle nature ,
Il eût été bientôt le Dieu de la Peinture ,
Et le maître immortel de nos derniers ne-
    veux.

Telle eft de fon pinceau la favante
    magie,
Qu'il donne à fes fujets la penfée & la vie ,
Et maîtrife les cœurs par ce puiffant attrait,

(*) On croit que le Sueur eft mort empoifonné
par fes concurrens à l'âge de 38 ans.

                                   Le

Le Brun, tu peins aux yeux le fier, & le
    terrible ;
Mais le Sueur peint l'ame, il nous la rend
    visible ,
Et tout céde à l'effort d'un si divin portrait.

Mais quel nouveau spectacle ! & par quelle
    puissance
Mon œil ici des Cieux perce la voute immen-
    se ?
Je vois les Bienheureux dans le sein du re-
    pos :
Par ton Dôme, (*) Mignard, tu combles
    notre gloire ;
Ta Fresque arrache au Tibre une entiere
    victoire ,
Et la France triomphe enfin de ses rivaux.

O ! que ne puis-je ici d'une plume hardie
Peindre tous ces Héros, l'honneur de leur
    Patrie ,

(*) Le Dôme du Val-de-Grace.

Gg

Boulogne , Jouvenet , la Hire , les Coy-
pels ,

Et Bourdon , & la Fosse , & Rigaud , Lar-
gillere ,

Et cent autres Pinceaux que le defir de
plaire

A tes regards , Louis , rendit feul immortels.

Oui , c'est à tes regards , c'est à ton goût
fublime

Que ces braves François jaloux de ton eftime ,

Ont dû de leurs efforts les rapides progrès!

D'un feul mot , difoient-ils , d'un coup d'œil
favorable ,

Ce grand Roi , des talens pere & juge équitable ,

Paye plus nos travaux que par tous fes bienfaits.

Efpoir de notre gloire , ô! vous jeunes Apelles !

Egalez, furpaffez, s'il fe peut, ces modéles,

Et du nouveau Monarque enchantez les regards :

Hâtez - vous, profitez du loifir qu'il vous
donne ;

Pour tracer fes exploits bientôt Mars & Bellone

Exigeront de vous tout l'effort des beaux
Arts. (*)

PRIERE
pour le Roi.

Seigneur, écoute la priere
Que la France aujourd'hui t'addreffe par ma
voix.

Que toujours invincible en pratiquant tes
loix,

Louis montre à la terre entiére
Que la crainte de Dieu fait la force des Rois,
Qu'il préfére au vain bruit d'une valeur
guerriere,

(*) *Quod cecinit Vates, armis Rex ipfe facravit.*

Gg ij

Des Lettres & des Arts les établiffemens ;
Des pacifiques Rois, durables monumens.
Qu'il goûte au fond du cœur le fublime avan-
      tage
D'obtenir notre amour plutôt que notre
      hommage.
     Pour combler enfin nos fouhaits,
Que nos neveux béniffent la mémoire
De Louis plus flatté du bien de fes Sujets,
Que des lauriers de la Victoire ;
Qu'ils regretttent un jour de n'avoir que l'hif-
      toire
D'un Regne où nous vivrons heureux par fes
      bienfaits.

F I N.

TABLE

DES MATIERES

Contenues en ce Volume.

A

B

H h

C

H h ij

P

V

Fin de la Table des Matieres.

CORRECTIONS
Dans l'Avertissement.

Page xxvij. lig. 9. tout rampe sans élévation, lisez, tout rampe sans vigueur.
P. xlj. L. 2. publics, lisez, publics.

m^r Aga

C. C.

1 front.

CPSIA information can be obtained at www.ICGtesting.com
Printed in the USA
BVOW061133120513

320506BV00005BA/49/P